사회복지사의 모금

NO를
YES로

어 떻 게 모 금 을 잘 할 수 있 을 까 ?

사회복지사의 모금

NO를
YES로

-**정영호** 지음 -

좋은땅

프롤로그
(prologue)

사회복지사들은 모금에 대해 개인적으로 특별한 관심을 갖지 않는 한 체계적으로 배울 기회가 없다. 여기저기 친구나 선배들에게 모금에 관하여 물어봐도 만족할 만한 답을 얻지 못하고 있는 게 현실이다.

사회복지 실천 현장에서 도움을 필요로 하는 사람들은 점점 많아지고 있고, 사회복지기관들과 사회복지 관련 인력도 늘어나고 있다. 그러나 자원 동원이나 모금 관련 업무를 담당하는 사람들의 경우 얼마 되지 않아 퇴직하는 비율도 점점 늘어나고 있다.

퇴직하는 사람들의 퇴직 사유를 들어보면 안타깝지만 자원봉사자나 후원자 등 매일 낯선 사람들과의 만남이 부담되었다고 하는 사람들이 많았다. 일선 사회복지사로 일하게 되면 도움을 필요로 하는 사람들을 위해 자원봉사자와 후원자에게 도움을 요청하는 업무가 많다는 것을 경험하고, 이를 공감하게 된다.

그렇지만 대학을 졸업하고, 아직 사회 경험이 부족한 사회복지사의 경우 낯선 사람들을 만나 도움이 필요한 사람들을 위해 도움을 요청하는 것이 부담스럽게 느껴질 수 있다. 특히 입사하자마자 아직 업무 파악도 제대로 되지 않고, 지역사회도 제대로 알지 못하는 상태에서는 더욱 그렇다. 이러한 실정을 간과한 채 상사는 후원금을 모아 도움이 필요한 사람들의 행복한 삶과 자립을 위해 사용하자고 한다.

어떻게 후원금을 모을 수 있을까? 신입 사회복지사들은 걱정이 앞선다. 직장 상사는 '모금을 잘하는 곳들이 많으니 우리도 잘할 수 있을 거야. 파이팅! 열심히 해 보자.'고 한다.

이렇게 반복되는 일상에서 모금에 대한 고민을 계속해 보고, 이것저것 모금을 해 봤지만 생각대로 되지 않아 자신감은 점점 떨어진다. 결국 자신은 사회복지사로서 역량이 부족한 것 같다고 생각하면서 무기력해지는 경우를 종종 볼 수 있다.

이 책은 사회복지 실천 현장에서 왜 모금을 해야 하는지를 이해하고, 모금을 통해 클라이언트의 변화를 도모하고, 전문가로서 모금활동을 통한 사회복지 실천 기술이 지속적으로 성장, 발전하는 데 도움이 되고자 필자가 사회복지 실천 현장에서 20여 년 동안 쌓은 경험을 바탕으로 효과적인 모금 방법을 정리한 것이다.

모금을 전문적으로 하는 기관이나 규모가 큰 복지기관의 경우 모금 전담팀이 있어 많은 직원들이 함께 모금전략을 기획하고, 역할 분담을 통해 조직적으로 운영하고 있으나, 지역사회의 일선 사회복지기관의 환경은 매우 열악하다.

모금을 체계적으로 기획하고 실천할 수 있는 곳도 많지 않고, 한 명의 사회복지사가 담당하는 많은 업무 중 한 가지가 모금업무이기도 하다. 심지어 경험이 없는 사회복지사에게 모금업무를 부여하는 경우도 많다. 그렇기 때문에 일선 사회복지기관에서 모금 전문 기관이나 대규모 기관과 같은 방식의 모금을 하거나 같은 규모의 모금을 목표로 하는 것은 적절하지 못하다.

사회복지 실천 현장에서의 모금은 '지역사회에서 사람을 모으는 것'이 중심이 되어야 한다.

도움을 필요로 하는 사람들을 위해 지역사회 주민들이 자발적으로 지역사회 문제를 해결할 수 있도록 사람들을 모으고, 필요한 만큼의 모금액도 설정할 수 있어야 한다. 즉, 주민들에 의해서 주민들이 자발적으로 참여할 수 있도록 돕는 것으로 이는 주민 조직화를 의미한다.

일반적인 모금의 유형에는 기업 모금, 개인 및 IT 모금, 이벤트 모금, 협력 모금 등이 있지만, 이 책에서는 지역사회 중심으로 주민과 단체 그리고 기업이 참여할 수 있는 모금을 중심으로 필자가 모금활동을 하면서 경험했던 것을 중점으로 정리하였다.

구체적으로 제시해 보면, 먼저, 모금을 통한 사회복지 실천의 의미와 성공적인 모금을 위한 기획 요령과 점검해야 하는 것들을 정리하였고, 두 번째로는, 기업이나 단체에 모금을 위한 제안서 제출 방법과 절차, 후원 요청을 위해 만나는 사람들과의 대화 요령을 제시하였으며, 마지막으로, 지속적인 후원자 관리를 위한 좀 더 효과적인 경험들을 정리하였다.

새롭게 사회복지기관에서 모금업무를 담당하게 된 사회복지사나 사회복지기관의 책임자로서 직원들과 함께 실천 현장에서 성공적인 모금을 기획하고 직원들에게 모금을 안내하고 싶은 관리자, 모금을 통해 사회복지 전문가로 성장하고 싶은 사회복지사 여러분들에게 이 책을 제안하고 싶다.

사회복지사 정영호

목차

III. 효과적인 모금 제안

IV. NO를 YES로 바꾸는 모금 대화

V. 한번 후원자는 영원한 후원자

사회복지사와 모금

01장

사회복지사가 모금까지 해야 하는가?

:
:
:
:
:
:
:

모금은 사회복지 실천이다.

지역사회 문제 해결을 위해 지역주민들이 참여할 수 있게 하는 것이다.

"사회복지사가 왜 모금을 해야 돼?" 사회복지사로 일하면서 모금을 하는 것에 불평하는 사람들을 가끔 만날 때마다 필자는 사회복지사이기 때문에 더 모금을 잘해야 한다고 말한다.

사회복지사업법에는 사회복지관이란 '지역사회를 기반으로 일정한 시설과 전문 인력을 갖추고 지역주민의 참여와 협력을 통해 지역사회의 복지문제를 예방하고 해결하기 위하여 종합적인 복지서비스를 제공하는 시설'이라고 정의되어 있다. 즉, 사회복지관에서 일하는 사회복지사는 지역주민의 참여와 협력을 통해서 종합적인 복지서비스를 제공해야 한다. 사회복지사는 혼자 할 수 있는 일도 지역주민이 참여하여 함께 해결할 수 있도록 안내하는 것이 중요하다.

이와 같이 '복지문제 해결을 위해 사람을 모으는 것이 사회복지 모금'이다. 그리고 지역사회의 복지문제를 예방하고 해결하기 위하여 종합적인 복지서비스를 제공하는 시설이라고 정의되어 있는데 '복지서비스' 역시 참여를 말한다.

인터넷 사전에서 '복지'를 검색하면 좋은 건강, 윤택한 생활, 안락한 환경들이 어우러져 행복을 누릴 수 있는 상태를 말한다. 그래서 '복지서비스'란 '행복 서비스'라고 할 수 있다.

그럼 사람들은 언제 행복할까? 그리고 행복 서비스는 무엇일까?

미국의 경제사학자 리처드 이스털린은 1974년에 '소득이 일정 수준을 넘어 기본 욕구가 충족되면 소득이 증가해도 행복은 더 이상 증가하지 않는다.'는 이론을 주장하였고, 매슬로우는 인간의 욕구를 5단계로 구분하여 하위욕구가 충족되어야 상위욕구로 올라갈 수 있다고 주장하였다.

1단계는 생리적 욕구, 2단계는 안전의 욕구, 3단계는 사회적 욕구, 4단계는 자아존중의 욕구, 5단계는 자아실현의 욕구이다. 1단계와 2단계는 결핍욕구(deficiency needs)라고 하고 3단계, 4단계, 5단계는 성장욕구(growth needs)라고도 한다.

매슬로우와 이스털린의 이론에 의하면 국민기초생활을 보장하는 우리나라에서의 행복은 사회적 욕구(소속과 사랑의 욕구)가 충족될 때 시작된다는 것을 알 수 있다. 즉, '행복서비스'란 어느 모임이나 집단, 사회에 소속하여 사랑하거나 사랑받을 수 있는 서비스라고 말할 수 있다.

클라이언트의 행복서비스 제공을 위해 사회복지사는 클라이언트의 유형과 특성에 맞게 참여할 수 있는 모임, 집단, 사회의 자원을 많이 확보해야 한다.

클라이언트에게 현물이나 현금을 지원해 주는 결핍의 욕구를 충족시켜 주는 자원을 비롯하여 사회적 욕구, 즉 소속과 사랑의 욕구를 충족할 수 있는 자원을 많이 가지고 있는 사회복지사가 '복지문제'를 예방하고 해결하는 데 더 큰 기여를 할 수 있을 것이다.

클라이언트가 아닌 지역주민들 또한 사회적 욕구가 충족될 때 행복이 시작된다. 그렇기 때문에 지역주민의 행복을 위해서 개개인의 재능을 나눌 수 있는 기회를 제공하고, 유사한 재능을 가지고 있는 사람들끼리 공동체를 형성하고, 이웃을 위해 나눔을 실천할 수 있게 하는 것! 그것이 사회복지 모금이다.

사회복지 모금은 지역주민의 참여와 협력을 통해서 지역사회의 복지문제를 예방하고 해결하기 위하여 종합적인 복지서비스를 제공하는 사회복지 실천인 것이다.

02장

모금은 누구를 위한 것인가?

:
:
:
:
:
:
:
:

모금은 클라이언트를 위한 행동이기 전에 후원자를 위한 행동이다.

지역주민이 후원행동에 참여하는 것은 행복한 삶을 선택한 것이다.

사회복지사는 사람들이 행복한 삶을 선택할 수 있는 기회를 제공해야 한다.

누구나 어렵고 부담스럽게 생각하는 모금, 누구를 위한 것인가?

사회복지기관에서 일을 하게 되면 소외된 이웃을 위해 돌봐 주고 나눠 주기만 하면 될 것 같아 사회복지사를 직업으로 선택했는데, 부장님이 회의 때마다 모금을 하자고 한다. 꼼짝없이 모금을 하기 위해서 낯선 사람들을 만나 후원을 요청하고 부탁을 해야 한다. 남에게 부탁하는 것이 진짜 불편하고 하기 싫은데, 모금을 자주 해야 하는 이 일을 계속할 수 있을까?

사회복지 실천 현장에서 일하고 있는 사회복지사들 중 많은 사람들이 비슷한 고민을 하고 있다. 어떤 신입 직원은 복지기관에서 사회복지사에게 구걸 행위를 강요한다고 생각하는 사람도 있었고, 어떤 사회복지사는 마치 영업사원이 된 것 같다고 생각하는 사람도 있었다. 그렇게 비슷한 이유로 많은 사회복지사들이 스트레스를 받은 경험이 있다고 한다.

사회복지사는 가난을 판매하는 영업사원이 아니다. 도움을 필요로 하는 사람들을 동정의 대상으로 만들어서는 안 된다. 사회복지 모금은 일반 대중 모금과는 달라야 한다.

첫번째, 사회복지 모금은 돈보다는 사람이 우선 되어야 한다.
만약에 모금하는 과정에서 어느 한 기업이 1억 원을 후원하겠다고 하고, 어느 단체에서는 100명의 사람들이 모금을 해서 1,000만 원을 후원하겠다고 하는데 둘 중에 하나만 선택할 수 있다면 사회복지 모금은 100명의 사람을 선택해야 한다. 100명의 사람과 모금이 필요한 사회문제를 함께 공유하고 해결방안을 찾는 것이기 때문이다.

두 번째, 사회복지 모금은 클라이언트에게 전달해 줄 현금이나 현물보다도 클라이언트가 참여할 수 있는 자원을 모금하는 것이 중요하다.

사회복지사는 사람과 환경을 긍정적으로 변화시키는 일을 한다.

클라이언트에게 서비스를 제공하는 것을 넘어 클라이언트가 사회에 참여할 수 있는 자원을 많이 확보해 가야 한다.

예를 들면 젊었을 때 통역 일을 했던 생활보호를 받는 할머니가 사회단체에 참여하여 영어를 가르쳐 주면서 사회에 참여할 수 있도록 단체나 모임을 자원으로 확보해가는 것이다.

세 번째, 사회복지 모금은 사람들의 재능을 필요로 하는 사람들에게 나눠 줄 수 있도록 안내하는 것이다.

도움이 필요한 사람과 재능을 나눌 수 있는 사람들을 찾아 연계하여 클라이언트는 물론 후원하는 사람이 더 성장하고 행복할 수 있도록 하는 것이다.

사회복지 모금은 요청하는 것이 아니라 참여를 통해 행복할 수 있는 기회를 제공하는 것이다.

03장

복지기관 모금 담당 사회복지사의 역할

모금은 사회복지 전문기술로 모금 담당자는 전문적으로 자신의 역량을 키워야 하며, 기업과 복지기관 프로그램의 중개자 역할을 수행한다.

복지기관의 부족한 재정만큼 어려운 것은 부족한 인력일 것이다. 지역의 어려운 사람들이 점점 늘어나는 만큼 정부나 지방자치단체에서 요구하는 사회복지 업무들도 증가하는데 직원은 증가하지 않다 보니, 여러 가지 이유로 이직만 증가하고 있다.

직원의 잦은 이직은 시간이 경과하면서 사회복지기관 운영과 인력 구성에 부정적인 영향을 미치게 된다. 사회복지기관의 인력은 점점 경력이 많은 관리자와 신입 직원들로 구성되어 인력의 불균형이 생기고 복지기관의 내부 갈등을 증가시키는 요인이 되기도 하고, 중간 관리자는 없고 최고 관리자와 신입 직원들로 운영되고 있는 복지기관들은 내부 소통마저 어려워질 수밖에 없다.

또한 잦은 이직은 복지기관과 잘 협력해 온 기업이나 단체 그리고 후원자들과도 단절하게 되어 복지기관의 사업들은 점점 어려워질 수밖에 없다.

모금 담당이 없는 복지기관은 어려움이 더 크다. 직원들 개개인이 열성적으로 사업을 추진하기 위해 기업이나 단체에 후원을 요청하면서 같은 기관 안에서도 후원 요청이 중복되는 경우도 있고, 후원기업의 담당자와 소통의 장애가 빈번하게 발생한다. 복지기관 직원들이 담당 사업은 물론 홍보, 모금 등 다양하게 많은 일을 하고 있기 때문이다. 그래서 사회복지사의 노력들이 클라이언트의 긍정적 변화에 도움이 되지 못한 채 결국 소진하는 경우가 많다.

이런 문제들을 해결하기 위해 모금 담당 직원이 필요하다. 모금은 사회복지 실천기술로서 전문적인 능력이 요구되며, 반복적인 노력을 통해 모금 역량을 성장시켜야 한다. 그리고 복지기관에는 한 명의 모금 담당자를 배치하여 복지기관 각 담당자들이 수행하는 사업의 필요한 외부자원을 모금 담당자를 통해 적합한 기업이나 단체에 후원을 요청하여 자원봉사 인력과 재원을 확보하고, 사용된 예산을 분기별 또는 연말에 성과보고서를 통해 후원기업에 전달하여 후원이 지속적으로 연계될 수 있도록 해야 한다.

잠재적 후원기업에서 후원에 동참하고 싶어 문의가 왔을 때도 모금 담당자를 통해 상담 후 〈그림 1〉과 같이 적합한 사업을 제안하여 후원할 수 있도록 해야 한다.

〈그림 1〉에서 보는 것처럼 직원1, 직원2, 직원3, 직원4가 사업에 필요한 자원을 모금 담당자에게 요청하면 모금 담당자는 모금이 필요한 사업과 적합한 기업에 자원을 직접 요청하거나, 후원을 요청하려고 하는 기업에 후원을 대신 요청할 수 있는 적합한 협력자(후원 요청자)를 찾아 요청할 수 있도록 한다.

그렇게 해서 확보된 자원을 복지기관의 요청한 사업담당에게 전달하는 것이다. 그리고 자원을 사용한 결과는 분기별 또는 연말에 사업담당 직원1, 직원2, 직원3, 직원4로부터 성과보고 및 결과보고서를 받아 기업1, 기업2, 기업3, 기업4에게 전달하여 지속적인 피드백을 통해 신뢰를 쌓고 자원을 확대해 가는 것이다.

　사회복지사가 프로그램 기획 및 진행 그리고 모금, 홍보까지 다 할
수 없다. 효과적인 업무 분장을 통해 효율적인 모금활동을 수행하는
것이 필요하다.

〈그림 1〉 모금 담당자의 역할

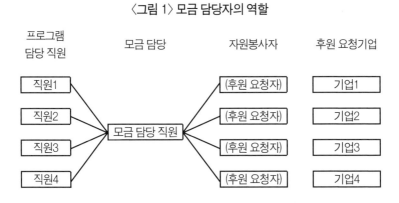

　모금 담당자가 이직할 경우에도 하나의 총괄적인 모금업무 매뉴얼
을 제작하고, 인계인수하여 후원기업들이 단절되지 않고 지속적으로
복지사업에 동참할 수 있도록 해야 한다.

누구나 성공할 수 있는
모금 기획

04장

후원 요청 제안서 작성 요령

．
．
．
．
．
．
．

후원 요청 제안서는 상대방이 이해하기 쉽고 간단하게 준비해야 한다.

후원에 관심도 없는데 복지기관에서 보낸 많은 자료의 후원 요청 문서를 읽을 사람은 없을 것이다. 더구나 슬픈 사연이 적힌 후원 요청 문서라면 더욱 그럴 것이다. 그렇기 때문에 후원제안서는 누구나 쉽게 이해할 수 있도록 그림과 통계를 제시하여 〈그림 2〉와 같이 4장으로 쉽고 간단하게 준비하는 것이 좋다.

첫 번째 장에는 후원을 요청하는 복지기관을 소개한다.

우리 기관이 공공기관이고 신뢰할 수 있는 기관이라는 것과 역사와 전문성을 가지고 있다는 것을 소개하면 좋다.

두 번째 장에는 후원이 필요한 곳이나 후원이 필요한 대상들을 소개한다.

예를 들면 가정폭력 피해로 인한 가출 청소년의 쉼터 만들기나 가출 청소년의 학습비 지원과 같은 내용을 뉴스 등을 인용하여 문제점을 전달하고 우리지역에 그와 같은 가출 청소년의 현황을 전달하는 것이 좋다.

세 번째 장에는 후원물품 사용 계획을 소개한다.

예를 들면 저소득가정 청소년의 교통편의를 위해 자전거를 요청했다면 '우리 지역에 있는 저소득가정 청소년 몇 명에게 자전거를 전달하여 청소년들의 자립을 지원할 수 있다.' 등으로 구체적인 전달방법과 클라이언트의 예측되는 변화를 기록해서 전달한다.

마지막으로 네 번째 장에는 후원했을 때 후원기업의 좋은 점을 작성한다.

기업이 지역사회의 문제 해결을 위해 동참하고 있는 점, 기업의 후원으로 후원기업 직원 및 직원 가족의 만족도가 높아지고 생산성 향상에 크게 도움이 된다는 점, 홈페이지나 언론매체를 통한 홍보로 기업의 브랜드 이미지가 높아질 수 있다는 점 등을 작성하는 것이 중요하다.

〈그림 2〉 후원 요청 제안서 샘플

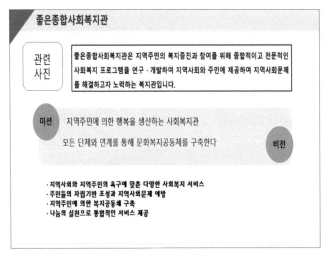

1장. 복지기관 소개

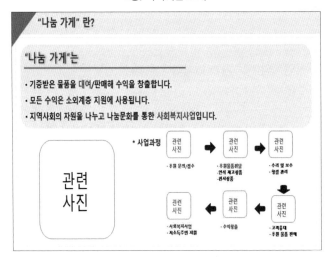

2장. 후원이 필요한 곳(사람) 소개

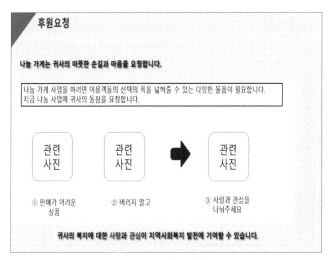

3장. 후원물품 사용 계획 소개

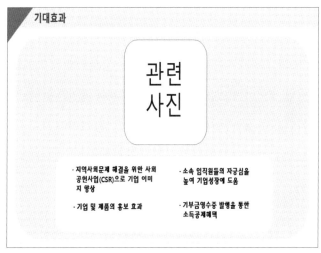

4장. 후원했을 때 후원기업의 좋은 점

05장

정기후원회원(CMS계좌 자동이체) 모집 방법

.
.
.
.
.
.
.

CMS는 모금 담당자가 자원봉사 단체들과 신뢰와 협력적인 관계를 통해 자원봉사에 참여하는 단체장들의 협조에 의해 모집하는 것이 좋다.

복지기관의 직원 중에는 CMS 후원회원 모집 때문에 복지기관을 떠나고 싶었던 경험이 있었을 것이다. 복지기관의 재정은 늘 부족하고 주변에 가난하고 소외된 사람들은 언제나 많다. 그러다 보니 복지기관에서 모금에 관한 관심은 커지고 직원들에 대한 부담도 커졌다.

부족한 재정을 충당하기 위해 많은 모금활동을 하고 있는데, 그중에서도 CMS(계좌 자동이체)는 안정적인 재정을 확보하는 좋은 방법중의 하나이다. 일정 금액을 자동이체 해 놓으면 많은 후원자들이 지속적으로 후원을 해 주기 때문에 일시적인 후원을 해 주는 것보다, 복지기관은 매월 입금되는 후원금에 맞게 복지사업을 추진할 수 있기 때문에 CMS 후원모금을 많이 선호한다. 그렇기 때문에 아마 지금도 많은 복지기관에서는 CMS 후원회원 모집을 위해 직원들과 분담해서 한 달에 1명에서 5명씩 CMS 후원회원을 모집하고 있는 경우가 많을 것이다.

모금 담당자가 있는 복지기관에서도 모금 담당자가 1년간 CMS 후원회원 모집 목표를 정해 놓고 직원들에게 의무적으로 모집해야 할 목표를 정해 주고 일방적으로 후원회원을 모집하라고 하는 과정에서 갈등과 소진을 경험하는 사람도 있다.

대학을 졸업하고 복지기관에 첫 입사한 직원이 후원회원을 모집할 수 있을까? 결국 후원회원 모집 목표를 배분해 주면 부모님 이름으로 후원회원 신청서를 작성하고 한두 달 자동이체 해 놓은 다음 일정 시간이 지나면 자동이체를 해제하거나, 직원이 퇴사하면서 해제하는 경우가 반복된다. 사회복지 실천에 집중해야 할 사회복지사들에게 CMS 후원회원 모집은 많은 스트레스를 주고 있다.

CMS는 사회복지사들이 배분을 받아 하는 것보다 모금 담당자가 자원봉사 단체들과 신뢰와 협력적인 관계를 잘 구축해서 자원봉사에 참여하는 단체장들의 협조에 의해 모집하는 것이 효과적이다.

자원봉사 단체라면 지역주민들로 구성된 단체가 대다수이며 지역의 복지문제에 가장 큰 관심이 있는 사람들이다. 예를 들면 복지기관에 봉사 나오는 '라이온스 클럽', '로터리 클럽' 등 각종 단체회원들부터 CMS 후원회원에 가입할 수 있도록 하고, 가입한 회원이 다른 주민들도 참여할 수 있게 하는 것이다.

모든 단체는 보통 한 달에 한 번씩 월례회의를 하고 연초 또는 연말에는 총회를 한다. 복지기관에 자원봉사 활동을 나오는 단체장과 협의하여 후원금이 사용될 사회문제 및 후원금 사용방법을 공유하고 단체 회원들에게 단체장이 홍보하여 CMS 후원회원에 가입할 수 있도록 하거나, 월례회의 때 모금 담당자가 참석하여 5분 정도 CMS 후원회원 가입해야 하는 이유를 설명하고 참여할 수 있게 하는 것이다. 연초, 연말에 있는 단체의 총회에도 참여해서 단체장의 협조를 통해 가입을 권유하는 것도 좋은 방법이다.

〈생각해 보기〉

CMS 후원회원 모집은 '라이온스 클럽', '로터리클럽' 등 지역의 봉사 단체 회원들의 협조를 통해 잠재적 후원자인 지역주민의 참여를 안내하는 것이 효과적이다.
우리 지역의 봉사단체를 모두 적어 보자.

06장

직원이 부족한 소규모 시설에서
모금은 어떻게?

땅바닥에 그린 원만큼 무상으로 땅을 나눠 준다고 한다면

혼자 그린 원보다 손잡고 함께 그린 원을 나눈 것이 더 크다.

소규모 시설들이 연대하여 공통의 주제로 모금하고 분배하자.

지역주민들이 참여할 수 있는 모금을 위해 복지기관의 사회복지사가 해야 할 일은 2가지라고 생각한다.

첫 번째, 클라이언트의 문제와 욕구를 정확하게 사정하는 일.
두 번째, 욕구와 문제를 지역사회에 알리는 일.

이 두 가지를 통해 지역주민과 지역사회가 참여하여 클라이언트의 욕구를 충족하고 문제를 해결하고 더 이상 같은 지역에서 같은 문제가 발생하지 않도록 하는 것이 중요하다.

그러나 직원이 2~3명밖에 없는 소규모의 시설에서는 행정업무와 클라이언트를 위한 직접적인 복지업무 수행으로 이슈를 알리고 지역주민과 지역사회의 참여를 촉진하는 것은 불가능할 수 있다. 그런 상황에서 모금까지 담당하기는 쉽지 않고, 소규모 시설에서 단체와 기업을 대상으로 모금을 하기에는 부족한 점이 많다.

그럼에도 불구하고 모금을 통해 많은 자원들을 참여시켜 클라이언트의 긍정적인 변화를 촉진하고 싶다면, 소규모 시설이 혼자 하는 것보다 같은 유형의 소규모 시설들이 모여 한 가지 이슈를 알리는 것이 효과적이다.

예를 들면 지역아동센터 한 곳에서 기업을 상대로 후원을 요청한다 해도 지역아동센터 담당자도 많은 부담을 갖게 되고, 후원기업도 적정한 현금을 후원하고 사내 또는 지역사회에 홍보하고 싶지만 제대로 욕구를 충족할 수 없다고 생각해서 잘 후원하지 않는다.

그렇기 때문에 지역아동센터라는 동일한 목적을 가지고 운영되고 있는 소규모시설에서는 한 가지씩 공통된 이슈를 찾아 적합한 기업에 후원 요청을 하는 것이 바람직하다.

이슈는 소규모 시설에서 진행 중인 프로그램 하나하나가 각각의 이슈가 될 수 있다. 만약 지역아동센터에서 '아이들의 문화체험프로그램'을 운영하고 있다면 센터들이 모여 관심 있는 기업에 '아이들의 문화체험프로그램'의 인적, 물적 자원을 요청하는 것이다.

그리고 '아이들의 여행프로그램'을 운영하고 있다면 마찬가지로 센터들이 모여 기업에 요청하는 것이다. 그렇게 지역아동센터에서 운영하고 있는 프로그램 하나하나를 각각의 기업이나 단체에 연계해서 자원을 확대해 나가고 한 개의 프로그램을 한 개의 특정 기업이 지속적으로 지원할 수 있도록 협약을 체결하고 관리하는 것이 중요하다.

연대를 통해 클라이언트는 물론 사회복지사와 기업, 단체 모두가 만족할 수 있는 결과를 가져올 것이다.

07장

전화로 후원 요청할 때 기록은 어떻게 할까?

기록은 잊어버리기 위해서 한다.

후원업체에 전화하면서 협조, 비협조, 갈등을

○, X, △로 표기하여 관리하자

후원업체의 리스트만 잘 정리해도 후원에 대한 스트레스와 부담을 크게 줄이고 즐겁게 모금을 할 수 있다. 후원업체를 보기 좋게 정리하는 것이 중요하며 업무에 효율을 높이기 위해 엑셀이나 한글문서에 정리하면 크게 도움이 된다.

문서에 기록할 내용은 〈표 1〉과 같이 후원 기업 리스트와 1차, 2차,

3차 전화 요청 내역과 전화 통화 결과 및 메모를 작성하는 것이다.

우선 회사명을 기록하고 기업의 소재지는 규모에 따라서 경기도, 충청남도, 또는 평택시, 아산시와 같이 지역 단위로 정리한다. 그리고 주요 생산품을 기록하고 인터넷이나 쇼핑몰, 상공회의소, 노동부 등을 통해 알게 된 담당자와 연락처를 기록한다. 그리고 1차, 2차 전화 통화를 통해서 알게 된 담당자의 정확한 이름과 연락처를 수정해서 기록하는 것이다.

관심 있는 기업부터 전화를 걸어 후원 요청을 하고, 전화한 날짜와 반응에 따라 '○', '△', '×'로 표기한다. 1차 전화 통화를 하면서 후원을 해 주기로 한 곳은 '○'로 표기하고, 후원을 할까 말까 고민하는 곳은 '△'으로 표기한다. 그리고 후원을 거절하는 곳은 '×'로 표기한다.

2차 전화 통화는 후원을 할까 말까 고민하는 '△' 표시가 된 곳을 중심으로 좀 더 설득력 있게 후원 요청을 하고, 결과에 따라 '○', '△', '×'를 다시 정리한다. 2차 전화 통화 때는 후원 기업이 복지기관에 대한 신뢰가 없을 수도 있고, 요청한 사업에 대한 추가적인 이해가 필요하거나, 시기적으로 적합하지 않다고 생각해서 할까 말까 고민하는 경우에는 보충자료를 추가적으로 보내 주는 것이 좋다.

3차 전화 통화 할 때도 '△' 표시가 된 곳을 중심으로 설득력 있게 후원을 요청하고 다시 '○', '△', '×'를 정리한다.

마지막으로 지금은 아니지만 3개월이나 6개월 후에 또는 내년에 다시 한번 연락을 달라고 하는 기업은 후원 기업 리스트에 잘 정리해서 기록하고 탁상 달력이나 스마트폰 일정관리에 약속한 날짜와 연락할 곳을 미리 메모를 해 놓는 것이 좋다.

〈표 1〉 후원 기업 리스트 및 1차 전화 요청 내역

연번	회사명	소재지	생산품	담당자	연락처	1차 전화 통화 결과 및 메모	2차 전화 통화 결과 및 메모	3차 전화 통화 결과 및 메모
	A	경기				○(5월 1일)		
	B	경기				△(5월 1일)		
	C	경기				×(5월 1일)		
	D	충청				○(5월 2일)		
	E	충청				△(5월 2일)		
	F	충청				×(5월 2일)		
	G	충청				○(5월 3일)		
	H	서울				△(5월 3일)		
	I	서울				×(5월 3일)		

〈표 2〉 후원 기업 리스트 및 2차 전화 요청 내역

연번	회사명	소재지	생산품	담당자	연락처	1차 전화 통화 결과 및 메모	2차 전화 통화 결과 및 메모	3차 전화 통화 결과 및 메모
	B	경기				△(5월 1일)	○(5월 7일)	
	E	충청				△(5월 2일)	△(5월 7일)	
	H	서울				△(5월 3일)	×(5월 7일)	
	A	경기				○(5월 1일)	-	
	D	충청				○(5월 2일)	-	
	G	충청				○(5월 3일)	-	
	C	경기				×(5월 1일)	-	
	F	충청				×(5월 2일)	-	
	I	서울				×(5월 3일)	-	

〈표 3〉 후원 기업 리스트 및 3차 전화 요청 내역

연번	회사명	소재지	생산품	담당자	연락처	1차 전화 통화 결과 및 메모	2차 전화 통화 결과 및 메모	3차 전화 통화 결과 및 메모
	E	충청				△(5월 2일)	△(5월 7일)	○(5월 10일)
	B	경기				△(5월 1일)	○(5월 7일)	-
	A	경기				○(5월 1일)	-	-
	D	충청				○(5월 2일)	-	-
	G	충청				○(5월 3일)	-	-
	C	경기				×(5월 1일)	-	-
	F	충청				×(5월 2일)	-	-
	I	서울				×(5월 3일)	-	-
	H	서울				△(5월 3일)	×(5월 7일)	-

〈표 4〉 전화 통화 결과 및 메모 작성

회사명	1차 전화 통화 결과 및 메모	2차 전화 통화 결과 및 메모	3차 전화 통화 결과 및 메모	결과
E	후원해 주기로 함	×	×	후원
B	5월 15일 다시 연락 바람	6월 10일 다시 연락 바람	회사에 방문 면담 요청함	후원
A	후원하기 어려움	×	×	거절
D	후원하기로 함. 내일 미팅	×	×	후원
G	논의해 보겠음	후원하기 어려움	×	거절
C	후원하기 어려움	×	×	거절
F	다음 달에 후원하기로 함	×	×	후원
I	5월 20일 다시 연락 바람	참고자료 추가 요청함	후원하기로 함	후원
H	후원하기 어려움	×	×	거절

08장

후원 요청은 후원회사 직원이
직속 상사에게 보고할 수 있게 준비하자

. . . .

누구든지 첫 만남의 과정과 결과를 정확하게 전달해 줄 수 없다.
기업의 담당 직원이 상사에게 보고할 수 있게 동영상도 함께 준비하자.

기업이나 단체에 후원 요청 공문을 보냈더니 담당자가 만나자고 한
다. 사회복지사는 복지기관 안내서와 모금 제안서를 들고 설레는 마
음으로 기업의 담당자를 만난다.

사회복지사는 한두 시간 동안 복지기관의 기능과 역할에 대해 멋있
게 설명하고 후원을 요청하는 내용에 대해 절실하게 설명을 한다. 그
렇게 나름 멋있고 쉽게 설명을 했는데 설명이 끝난 후 기업 담당자의

대답은 대부분 두 가지이다.

① 이번에는 후원하는 것이 어렵겠습니다.
② 후원해야 할 것 같은데 제가 과장님 또는 부장님께 말씀드리는
　　것보다 부장님과 다시 한번 회의할 시간을 마련할 테니 그때 다
　　시 한번 설명해 주셨으면 좋겠습니다.

사회복지사가 기업의 담당 직원을 만났을 때는 후원 가능성이 매우 높을 경우이다. 첫 번째의 경우는 담당이나 회사 차원에서 후원할 의사가 있어서 만나자고 했는데, 문제는 기업의 담당자가 복지기관과 후원 요청에 관한 내용을 상사에게 잘 전달할 수 없기 때문에 사회복지사와 기업의 담당자가 만나고 나서 특별한 이유 없이 '이번에는 후원을 할 수 없겠습니다.'라고 거절하는 경우이다.

두 번째의 경우도 후원을 요청하는 복지기관과 후원 요청내용을 기업의 부장님에게 직접 설명할 수 없기 때문에 다시 한번 기업의 부장님을 만나서 설명해 줬으면 좋겠다고 부탁을 한다. 그러면 사회복지사는 더 큰 기대를 가지고 기업의 부장님에게 설명할 많은 자료들을 준비해서 다시 만난다. 결과는 마찬가지로 두 가지다.

① 이번에는 후원하기 어렵겠습니다.

② 다음 주에 임원회의가 있는데 그때 시간을 5분 정도 시간을 드
릴 테니 그때 직접 설명을 해 주시면 어떻겠습니까.

회사 차원에서 이번에 지역사회에 후원을 해야 하는 상황이 있어서
후원을 하려고 했다. 그래서 사회복지사와 미팅을 했는데 기업의 부
장님 역시 복지기관과 후원 요청 내용을 사장님이나 임원들에게 설
명할 수 없기 때문에, '이번에는 후원하기 어렵겠습니다.'라는 결정을
내리거나 꼭 후원해야 할 상황인 경우 상사에게 직접 설명해 줄 것을
부탁한다. 그러면 또 사회복지사는 임원회의에서 설명하기 위해 더
무게 있게 프레젠테이션을 준비한다.

그러나 결과는 '논의해 보고 나중에 연락을 드리겠습니다.'이다. 그
리고 며칠이 지난 뒤 기업의 담당자로부터 연락이 오면 이번에는 '후
원이 어렵겠습니다. 그러나 다음번엔 꼭 후원하도록 하겠습니다. 죄
송합니다.'라는 대답을 들을 가능성이 높다.

얼마 전 필자는 사용하는 컴퓨터가 작동이 안 되서 AS를 신청했다.
AS요원이 방문해서 컴퓨터를 점검했고 점검한 지 3분 정도 지나서
정상적으로 작동하게 되었다. 필자는 AS비용이 얼마냐고 물으니 '별

거 아니니 그냥 비용을 받지 않고 가겠습니다.'라고 하면서 돌아갔다. 나에겐 아주 어렵고 심각한 문제이지만 AS기사에겐 일상이고 아무것도 아닌 일이었다. 그렇기 때문에 수리비를 받기도 미안했던 것 같다.

모금을 요청하는 담당자는 일상에서 흔하게 사용하는 언어들로 나름 쉽게 메시지를 전달하려고 노력했겠지만, 기업의 담당자나 부장, 임원들은 모두 낯설고 이해하기 어려운 상황들이 발생할 수 있었을 것이다. 더구나 기업의 담당 직원에게 설명하고 부장, 임원을 대상으로 후원 요청을 설명하기 위한 프레젠테이션 내용이 점점 전문적이고 어려워졌다면 더욱 그랬을 것이다.

기업은 사회공헌 활동을 하고 싶지만 전문성이 부족하고 사회공헌에 대한 정보와 이해가 부족하여 하지 못하는 경우가 많이 있다. 기업에서 사회복지사를 만나자고 했을 때는 모금에 참여할 의사가 높고, 어떤 식으로 어떻게 전달할 것인가에 관심이 많은 시점이다. 그렇기 때문에 사회복지사는 기업의 담당자가 상사에게 복지기관의 모금 내용을 쉽게 보고할 수 있게 해 줘야 한다. 그리고 기업 차원에서 모두가 충분히 생각하고 결정할 수 있는 조건을 만들어 줘야 한다.

후원 제안을 반복하지 않고 설득력을 높이기 위한 가장 좋은 방법은 후원 제안을 5분 이내의 동영상으로 제작해서 메일로 우선 전달해 주는 것이다.

사회복지사가 직접 방문해서 설명하고, 또 설명하고, 또 설명하는 과정에 서로의 불편함과 시간의 낭비를 줄이고 기업의 담당 직원부터 임직원까지 모두가 이해하고 생각할 시간을 제공하여 모금 성공의 가능성을 높일 수 있다.

09장

기업에서 먼저 후원해 주겠다는 전화를 받고 싶다면

· · · · · · ·

Give & Take, 먼저 주고받을 수 있는 고민이 필요하다.

사람들이 하루 종일 생활하는 회사에

복지 프로그램 및 서비스를 홍보하자.

복지기관은 언제나 많은 프로그램을 기획하면서 지역주민의 참여를 위해 지역신문이나 홈페이지, 밴드, 아파트 게시판, 플랜카드 등을 통해 많은 홍보를 한다. 그러나 복지기관의 프로그램에 참여하는 사람은 많지 않다.

복지기관에 갑작스럽게 많은 후원물품이 생겨 배분해 줄 경우에도 적합한 클라이언트를 찾을 수 없어 어려움이 많은 경우가 있다. 예를 들면 복지재단이나 기업에서 중위소득 이하 세대의 학습비 지원, 여성가장세대 창업 지원, 저소득가정 컴퓨터 지원, 여행 지원 등 다양하고 많은 프로그램의 참여자를 모집하는 공문이 복지기관에 왔을 때, 대상이 되는 지역주민들을 많이 추천하여 참여할 수 있게 하면 좋겠는데, 참여자를 찾을 수 없어 그냥 문서철에 보관하는 경우도 있다. 동 복지센터에 수혜자를 추천해 달라고 부탁도 해 보지만 동 복지센터도 마찬가지로 적합한 수혜자를 찾기에는 한계가 있다.

복지기관 교육프로그램의 참여자 모집, 복지재단의 후원물품 배분, 특별한 세대의 경제적 지원 등 다양한 사업들을 홍보하여 참여할 수 있도록 하고, 적절하게 후원물품을 분배하기 위해서는 지역주민들이 쉽게 볼 수 있는 곳에 홍보를 해야 한다.

그러나 지금까지의 홍보는 지역신문, 복지기관 홈페이지, 복지기관 및 유관기관의 밴드와 같은 홍보매체를 활용해서 홍보하거나, 아파트 게시판을 통해서 홍보했지만 참여율은 언제나 저조했다. 복지기관에 근무하는 사회복지사도 자신이 근무하는 복지기관의 홈페이지를 매일 검색해 보지 못하는 경우도 많다.

홍보는 홍보하는 사람이 알리는 것에서 끝나는 것이 아니다.
홍보는 상대방이 보고 이해할 수 있어야 홍보가 끝나는 것이다.

그렇기 때문에 홍보방법과 홍보장소를 바꿔야 한다. 사람들이 하루 종일 있는 곳, 사람들이 많이 볼 수 있는 곳에 홍보를 해야 한다. 그곳은 바로 회사이다. 회사 내 사원식당 게시판이나, 회사 내 사무실 입구 게시판, 회사 내 휴게실 게시판, 회사의 온라인 홍보 등 사람들이 여유를 가지고 볼 수 있는 곳에 홍보를 해야 한다.

최근 복지서비스는 회사에 근무 중인 많은 직원들이 수혜대상이 될 수 있다. 그렇기 때문에 기존의 홍보처를 홈페이지나 아파트 게시판 등에 홍보하는 것으로 끝나는 것이 아니라, 지역사회 내 기업을 대상으로 복지기관 프로그램 이용 안내 및 참여 안내를 홍보하거나, 회사 직원 중 후원물품 수혜대상자의 추천 안내 홍보나, 자립지원금 등 수혜 대상자를 추천해 달라는 홍보를 기업에 협조 공문을 발송해서 하는 것이다.

기업에 협조공문을 발송해서 '귀사의 직원복지를 위해 홍보해 주시기 바랍니다.', '귀사의 직원 중 수혜대상이 되는 분을 추천해 주시기 바랍니다.'와 같이 공문서를 발송해서 회사 직원들이 볼 수 있도록 홍보 협조를 의뢰해야 한다.

Give & Take, 먼저 주고받을 수 있는 고민이 필요하다. 기업에 복지수혜자 추천공문 발송을 통해 홍보활동을 하면 다음과 같은 효과를 볼 수 있다.

첫 번째, 기업의 직원들이 다양한 복지혜택을 받을 수 있도록 하여 회사의 직원 복지를 지원해 줄 수 있다.

두 번째, 복지가 가난한 사람들만을 위한 것이라는 인식을 변화시켜 많은 지역주민이 복지에 관심을 가질 수 있다.

세 번째, 기업은 지역의 복지기관의 역할에 대해 정확히 인지할 수 있다.

네 번째, 복지기관은 지역사회 내 기업의 총무, 인사 담당자들과 협력적인 관계를 형성할 수 있다.

그리고 기업이 연중이나 연말에 지역사회를 위해 후원하거나 봉사활동에 참여하고 싶을 때, 홍보활동을 지속적으로 한 복지기관에 우선적으로 전화해서 후원할 수 있는지 문의하게 된다.

올 연말에는 기업으로부터 '후원을 하고 싶은데 할 수 있을까요?'라는 전화를 받고 싶다면 기업의 직원을 대상으로 프로그램 홍보를 하라.

10장

후원 요청을 위한 프로포절 또 써야 해!

:
:
:
:
:
:
:

복지사업은 사회복지사가 행복해야 한다.

그렇기 때문에 담당 사회복지사가 하고 싶은 것,

잘하는 것을 프로그램으로 제안해야 한다.

클라이언트의 행복한 삶을 도와주기 위해서는 많은 자원이 필요한데 기업이나 복지재단 등에 사업제안을 해서 자원을 확보하고 싶지만, 지금도 일이 많은데 굳이 사업 제안을 해서 자원을 확보해야 할까? 자원을 확보해도 사회복지사에게 수당을 더 주는 것도 아니고, 행정적인 업무만 더 늘어나는데 그걸 왜 하지? 그냥 하던 일만 하자.

복지기관의 직원들 중 클라이언트의 행복한 삶을 도와주기 위해 사업 제안서를 작성해서 자원을 확보하면 좋겠지만, 확보하고 나면 업무도 늘어나고 또 일이 많아지면 실수도 생기고 민원도 많이 발생하여 여러 가지로 부담되기 때문에 회피하는 경우가 종종 있다고 한다.

복지기관의 프로그램은 클라이언트만을 위한 프로그램이 아니라 우선 담당 사회복지사와 클라이언트 그리고 복지기관 모두가 만족할 수 있어야 한다. 특별히 담당 사회복지사가 가장 만족할 수 있을 때 원활한 사업 수행으로 클라이언트와 복지기관 모두가 만족할 수 있다.

'잘못된 기획은 실패를 기획하는 것이다.'라는 말이 있다. 처음부터 담당 사회복지사가 관심 없는 프로그램을 기획하는 것은 스스로 재미없는 직장생활을 선택하는 것과 같다. 프로그램은 우선 사회복지사 자신이 재미있는 사업들을 만들어 가는 것이 바람직하다.

사업 제안서를 작성할 때 가장 중요한 것은 제목이다. 제목은 기본적으로 대상과 목적과 프로그램 3가지 내용이 모두 들어가 있어야 한다. 예를 들면 '청소년(대상)의 사회성 향상(목적)을 위한 도보여행 프로그램(프로그램)'처럼 제목 안에 대상, 목적, 프로그램 3가지가 제시되어야 한다. 제목을 작성할 때는 우선 담당자가 관심 있거나 좋아하는 대상과 목적, 프로그램을 검토해 보는 것이 좋다.

노인복지관에 근무하는 사회복지사의 경우 어르신들에게 복지서비스를 제공하고 어르신의 행복한 삶을 도와줘야 한다. 그러나 어르신들과 함께 더 이상 무엇인가 하고 싶지 않은 경우나 청소년들이 좋아서 기회만 된다면 청소년단체로 이직을 하고 싶은 사회복지사라면 노인복지관에서 더 이상의 사업을 확장시키지 않고 매일 반복되는 생활에 스트레스를 받을 것이다.

그런데도 꼭 사업제안을 통해 사업을 확대해야 한다면 노인복지관에 근무하지만 대상을 청소년으로 할 수도 있다. 예를 들면 '조손세대 청소년의 사회성 향상을 위한 도보여행 프로그램'으로 할 수 있을 것이다.

조손세대 어르신들의 가장 큰 걱정은 손자들의 행복일 것이다. 손자들의 행복을 노인복지관 담당 사회복지사가 지원해 준다면 손자들도 행복하겠지만 아마 어르신은 두 배 더 행복해질 것이다.

그렇게 어느 유형의 복지기관에 근무하든지 관심 있는 대상을 위한 사업을 하면 좋다. 그리고 프로그램 역시 담당 사회복지사가 좋아하는 것 또는 하고 싶은 것을 하는 것이 바람직하다.

만약 담당 사회복지사가 사진 촬영하는 것을 좋아하거나, 사진 기술을 배우고 싶다면 프로그램을 '조손세대 청소년의 사회성 향상을 위한 사진여행 프로그램'으로 하는 것이다.

그렇게 주제를 만들어 사업 제안서를 준비한다면 담당 사회복지사는 매일 아침 눈을 뜨면 제일 먼저 복지기관에 출근하고 싶고 행복한 직장생활을 하게 될 것이다. 사업 제안서가 꼭 선정되어 좋아하는 청소년들과 배우고 싶은 사진 기술을 학교나 학원에 가지 않고 복지관에서 할 수 있다면 얼마나 좋을까.

지금까지 주어진 업무를 수행하면서 재미가 없거나 나의 적성에 맞지 않다고 생각해서 출근하기 힘들었거나 이직을 고민하고 있다면 자신이 좋아하는 프로그램을 준비해서 사업을 제안하는 것을 추천해 본다.

〈생각해 보기〉

사회복지 프로그램은 담당 사회복지사 자신이 행복한 일, 좋아하는 취미, 특기와 관련 있는 것을 프로그램으로 준비해서, 관심 있는 클라이언트의 지금 가장 심각한 문제를 해결하기 위해 개입할 때 클라이언트와 사회복지사 모두 좀 더 즐거운 변화를 기대할 수 있다.

- 내가 가장 좋아하는 취미는?

- 내가 가장 잘하는 특기는?

- 나는 무슨 일을 할 때 가장 행복한가?

- 내가 가장 관심 있는 클라이언트는 누구인가?

- 내가 관심 있는 클라이언트의 지금 가장 심각한 문제는 무엇인가?

- 나의 취미와 특기는 관심 있는 클라이언트의 심각한 문제를 어떻게 변화 시킬 수 있는가?

11장

공공기관 및 복지재단의 사업 공모 언제 하는가?

: : : : : : :

역사를 알면 미래를 준비할 수 있다.

공공기관 및 각종 재단 홈페이지의 전년도 게시판을 보자.

스마트폰이 나오기 전에는 매년 1월 1일이면 하는 것이 새 수첩에 전화번호를 옮겨 적는 것이었다. 매년 지난 한 해 동안 가장 중요한 사람을 전화번호 수첩 맨 위에 적었었다. 그리고 누군가의 전화번호부 수첩에도 나의 이름이 첫 번째 장에 기록될 수 있도록 인간관계를 잘해야 한다고 배웠다.

두 번째로 하는 것은 작년 중요한 행사들을 새 수첩의 일정표에 적는 것이다. 그렇게 매년 기록하고 연간계획을 준비했다. 그러나 지금은 스마트폰을 통해 일정 관리만 잘해도 업무 효율성과 효과성이 크게 향상된다.

스마트폰이 생활화되기 전에는 사업 제안을 위해 사회복지사가 인터넷을 통해 사업비를 지원해 주는 곳을 여기저기 생각나는 대로 클릭해서 검색해 보았다. 언제 공모사업 모집공고가 나올까 관심 있는 공공기관이나 재단의 홈페이지를 매일 들어가 보지만, 성과 없이 하루하루를 보내는 경우가 많았다.

어떤 경우에는 그렇게 인터넷을 검색하다가 적합한 사업공모가 공지된 것을 발견하게 되지만, 제출 마감기간이 짧아 사업 제안서를 작성을 못하기도 한다. 그렇게 열정과 포기가 반복되는 그런 일상으로 인해 어떤 사회복지사는 스스로 소진됐다고 말하는 경우도 있다.

클라이언트의 행복은 사회복지사의 역량과 비례한다. 사회복지사로서 클라이언트의 긍정적인 변화를 위해 다양한 사업들을 적합한 사업공모에 사업 제안서를 제출해 보고 싶다면, 오늘부터는 사무실에 앉아 받아 보는 각종 재단이나 기업, 사회단체의 지원프로그램 공문을 참고하여 사업공모 일자와 사업공모 주제, 주관기관을 스마트폰

캘린더에 저장하고 '반복'란에 매년 또는 매월에 체크하는 것이다.

그리고 중앙부처나 지방자치단체는 공문을 발송하지 않고 홈페이지에 공고하는 경우도 많기 때문에 관련 부처 홈페이지에 들어가서 직접 확인하고 준비하는 것이 필요한데, 매일 홈페이지에 들어가서 공지가 올라온 것을 확인하는 것이 아니라 전년도 게시판이나 공지를 보면 1월부터 12월까지 게시된 내용들을 확인할 수 있다.

관심 있는 사업공모나 지원내용들이 있으면 자신의 스마트폰 캘린더에 기록하고 '반복'란에 매월 또는 매년으로 체크하면 된다. 사무실 책상의 탁상달력에도 사업공모를 중심으로 그때그때 기록해서 전년도 탁상달력과 올해 탁상달력 두 개를 같이 놓고 보면 매일 비슷한 시기에 비슷한 상황이 발생하는 것을 확인할 수 있다. 그렇게 사회복지 실천 현장에서 일정관리를 하나하나 기록해 나가면 1년 후에는 여유 있게 사업을 기획하고 준비할 수 있게 되는 것이다.

공공기관이나 기업, 단체 등의 사업 제안 공모는 매년 비슷한 날에 공지하고 있다.

12장

모금함은 관리할 수 있을 때 배포하자

. . . .

모금함은 관리할 수 있을 만큼 배포하고
3개월에 1회 이상 반드시 방문해서 관리해야 한다.

복지기관의 모금 담당 사회복지사가 10년 이상 장기근속을 하면 좋겠다. 그러나 대부분의 복지기관에서 모금을 담당하는 사회복지사는 경력이 많지 않거나 3년 미만의 신입 직원인 경우가 많다. 모금교육을 전혀 받지 않은 상황에서 전임자가 인계인수해 준 모금업무를 잘하기 위해서 열성적으로 일하지만, 하면 할수록 돌아오는 반응들은 긍정적이지 않은 경우가 많다.

여기저기 모금함이 배포된 업체에서 전화가 걸려 와서 '모금함 왜 수거 안 해 갑니까.' 하며 불만을 이야기하기도 하고, 업무 인계인수서에 기록된 모금함 배포 업체에 방문하면 1년 동안 한 번도 찾아가지 않아서 치워 버렸거나 없어졌거나 수거하러 오지 않는 것에 대해 불만을 표현한다.

신입 모금 담당 사회복지사는 언제, 어디에, 어떻게 배포된지도 모르는 모금함을 회수하는 과정에서 부딪히는 민원에 열정은 빠르게 식어 버리고 모금함 수거를 게을리하는 일상이 반복된다.

모금함 배포는 지역 상인들과 주민들이 지역사회 문제 해결에 참여할 수 있도록 하는 것인데, 오히려 복지기관의 신뢰를 무너뜨리는 역할을 하고 있다.

모금함 배포는 단지 동전을 모으는 행위가 아니라 지역사회 구석구석에 사회문제를 알리고 지역주민들이 지역사회 문제에 관심을 갖고 해결할 수 있도록 이슈를 알리는 행위여야 한다.

모금함이 배포된 업체의 주인은 지역사회 문제 해결에 가장 좋은 협력자가 될 수 있다. 그렇기 때문에 복지기관의 모금 담당 사회복지사는 업체의 주인과 좋은 신뢰관계를 형성하는 것이 중요하고, 향후 모금함뿐 아니라 복지기관의 홍보지도 함께 게시할 수 있도록 신뢰관계를 만들어 가는 것이 필요하다.

 복지기관이 위치한 마을 구석구석에 모금함이 배포되어 있고 그곳에 사회문제를 알리는 포스터 또는 소외계층이 사회에 참여할 수 있는 홍보지 등을 게시하여 지역주민들이 사회문제 해결에 관심을 갖고 동참하게 하고, 정보로부터 소외된 사람들이 사회에 참여할 수 있게 하는 것이 모금함을 통한 사회복지 실천이다. 모금함을 통한 사회복지 실천을 위한 모금함 배포의 3가지 원칙은 다음과 같다.

 첫 번째, 3개월 이내 반드시 방문할 수 있어야 한다.
 두 번째, 모금 담당 사회복지사 혼자서 관리할 수 있어야 한다.
 세 번째, 후임자에게 철저하게 인계인수할 수 있어야 한다.

 효과적인 모금함 관리운영을 위해서는 먼저 철저한 계획에 의해 실시되어야 한다. 복지기관의 경우 관장이 어느 업소에 모금함 하나 갖다 주라고 하거나 자원봉사자가 즉흥적으로 '내일 우리 가게에 모금함 하나 갖다 놓으세요.'라고 하는 경우가 많다. 그럴 때 모금 담당 사회복지사는 정중하게 거절을 할 필요도 있다.

그렇다면 모금 담당자가 혼자서 관리할 수 있는 모금함 배치는 몇 곳이 적당할까? 모금함은 즉흥적으로 생각날 때 한두 개씩 배포하는 것이 아니라 지역의 지도를 펼쳐 놓고 상가나 시장을 중심으로 배포하는 것이 좋다. 하루에 방문할 수 있는 곳은 40곳 정도가 적당하고 배포 업체를 방문하기 좋은 곳만을 선택해서 배포하는 것이 아니라 선택한 지역에서 첫 번째 방문한 업체부터 옆 가게로 순서대로 배포해 가는 것이 좋다.

모금함은 단지 업체에서 돈을 수거하기 위한 노력이 아니라 모금함 배포 업체를 통해 사회문제를 알리고 정보 소외 계층이 사회에 참여할 수 있도록 하는 것이 중요하다. 그러나 지역사회에 복지기관은 적고, 모금함은 많이 배치해야 하는데 모금함을 관리하는 모금 담당 사회복지사는 한 명밖에 안 되거나 없는 경우가 많기 때문에 복지기관마다 모금 서포터즈와 같은 전문 자원봉사단을 구성해서 모금함을 관리할 수 있도록 하는 것이 필요하다.

모금 서포터즈가 없다면 모금 담당 사회복지사가 관리할 수 있는 수량만큼만 배포하고 관리하는 것이 좋다. 불필요하게 많이 배포해 놓으면 지역사회 이곳저곳에서 불만과 불신의 목소리가 커질 것이다. 모금함을 배포하기 위한 TIP 2가지를 소개하면 다음과 같다.

첫 번째, 모금함은 시장과 상가를 중심으로 배포하는 것이 좋다.

시장과 상가의 경우 상가연합회가 있고 사무국장이나 회장이 있다. 업체를 하나하나 방문에서 설치를 부탁하는 것보다, 상가연합회와 시장연합회의 사무국장이나 회장을 만나 회원들의 가게에 모금함을 배포하여 '모금함 배포를 통한 좋은 마을 만들기' 등과 같은 복지운동에 동참해 줄 것을 제안하는 것이다.

연합회의 경우 보통 한 달에 한 번 월례회의를 개최한다. 그때 회의 안건으로 상정하여 동참해 주는 업체에 모금함을 배분해 주고 다음 달 월례회의 때 모금함을 회의장소로 가지고 올 수 있도록 협조를 부탁할 수도 있다.

복지기관의 모금 담당 사회복지사는 업무일정을 잘 조정해서 배포 업체에 정기적으로 방문하고 업체 사장들과 신뢰관계를 잘 형성하여 월례회의 때 모금함을 수거한 다음 빈 모금함을 다시 배분해 주는 것이 효과적이다.

두 번째, 또 다른 방법은 모금함 배포를 위해 일일이 업체를 방문해서 부탁하는 것이 아니라 문자나 우편발송을 통한 설치를 제안하는 것이다.

복지기관의 모금함을 1년 동안 설치하여 3개월에 1번씩 복지기관으로 전달해 주는 업체는 복지기관에서 발행하는 복지기관 홍보지와 홈페이지, 뉴스레터 등 모든 홍보매체를 통해 설치 업체를 홍보해 주는 것이다.

지역사회 복지문제 해결을 위해서는 지역주민의 참여가 필수적이다. 모금함을 통해 지역주민의 참여를 확대해 보자.

13장

모금을 위한 자원봉사자 교육,
어떻게 하면 좋을까?

청소년 자원봉사자는 나눔 교육을 통해 미래 잠재적 후원자로 양성하고
성인 자원봉사자는 참여 동기에 맞게 맞춤형 교육을 해야 한다.

복지기관에는 언제나 많은 자원봉사자가 참여한다. 청소년에서 노
인까지 많은 사람들이 다양한 이유로 자원봉사활동에 참여하고 있
다. 청소년의 경우 학교에서 정해진 자원봉사 시간을 채우기 위해 의
무적으로 참여하는 경우가 많고, 대학생의 경우에는 각 대학의 졸업
인증제, 사회봉사 학점이수, 근로 장학금 등의 이유로 참여하는 경우
가 많다. 그 외에도 많은 사람들이 자원봉사 활동에 다양한 이유로 참
여하고 있다.

자원봉사이지만 자발적이지 않고 특별한 목적을 가지고 의무적으로 참여하는 경우가 많기 때문에 복지기관에서는 자원봉사자의 유형과 목적에 맞게 적절한 자원봉사 교육과 봉사 활동을 연계해 주지 못하면 자원봉사자들이 오히려 복지기관의 부정적인 이미지를 갖고 자원봉사 활동을 마치게 되는 경우가 있다. 부정적 자원봉사 경험이 있던 사람들이 일상에서 복지기관을 부정적으로 평가하고 부정적인 경험을 주위에 전달하고 다니면 오히려 자원봉사 활동이 복지기관에 나쁜 요인으로 작용할 수도 있는 것이다.

그렇기 때문에 자원봉사자를 모집하고 활동하는 것은 체계적으로 복지기관의 가능한 역량 안에서 자원봉사 교육을 이수한 다음에 활동할 수 있도록 하는 것이 중요하다.

중·고등학생의 경우 의무 봉사시간을 채우기 위해 비자발적으로 참여하는 경우가 많기 때문에 봉사활동 시간이 짧아도 사회복지와 자원봉사에 대한 이해를 충분히 교육하여 추후 성인되었을 때 자발적이고 긍정적인 자원봉사자로 참여할 수 있게 하고, 복지기관의 잠재적 후원자로 양성하는 것이 필요하다.

대학생과 직장인의 경우도 마찬가지다. 학점이수나 사회봉사의무로 인한 비자발적인 자원봉사 활동이 자발적인 활동으로 바뀔 수 있도록 하고, 복지기관에 적극적인 파트너로 함께 활동할 수 있도록 교육하고 좋은 관계를 형성하는 것이 필요하다.

성인과 어르신의 경우는 생활에 경제적으로 여유가 있고 지역사회에서 자영업을 하거나 성장한 자녀들이 다양한 분야에서 사회활동을 하면서 많은 사람들과 인적 네트워크를 형성하고 있다.

복지기관이 지역의 사회문제 해결을 위해 많은 사람들을 만나고 참여시키기 위해서는 성인과 어르신들의 자원봉사 참여 동기에 적합한 맞춤형 자원봉사 교육을 통해 복지기관의 협력자로 관계를 구축해야 한다.

복지기관에 업무를 추진하면서 재정적으로 어려움이 있거나 또는 김장 만들기 등 인력이 많이 필요한 행사를 추진할 때 가장 먼저 상의하는 사람들이 성인과 어르신 자원봉사자들이다. 성인과 어르신 자원봉사자 분들은 지역에서 오랫동안 생활하면서 지역사회에 봉사에 관심이 많고, 인적 네트워크가 넓고 안정적인 생활을 하고 있는 경우가 많기 때문에 복지기관의 어려운 문제를 적극적으로 협조해 줄 수 있다.

그러나 청소년에서 어르신까지 특성과 욕구에 맞는 자원봉사 교육 없이 단순 봉사활동에 참여시키는 경우, 불만의 목소리가 높아지고, 복지기관과 파트너가 되는 것이 아니라 오히려 복지기관의 적극적인 민원인이 되어 복지기관 운영이 어려워지는 경우가 빈번히 발생할 수 있다.

자원봉사자의 유형과 욕구에 맞는 교육 방법으로 청소년의 경우 나눔 교육을 중심으로 자원봉사 교육을 실시하는 것이 좋다. 나눔 교육은 청소년들이 실제로 보고, 듣고, 체험을 통해 나눔에 대한 지식을 학습하도록 하는 것으로 첫째, 직접 후원 및 자원봉사에 대한 교육을 받는 것, 둘째, 부모나 이웃의 후원 또는 자원봉사 활동을 하는 것을 보게 하는 것, 셋째, 후원 및 자원봉사 활동에 직접 참여해 보는 것. 세 가지 유형으로 구분하여 실시할 수 있다.

우리나라는 규모가 큰 복지기관에서는 오래 전부터 청소년을 대상으로 나눔 교육을 실시하고 있다. 대표적인 사례로 아름다운재단은 2004년 나눔 교육센터를 개소해서 지속적으로 청소년을 대상으로 나눔 교육을 실시하고 있으며, 초록우산어린이재단은 2013년 나눔 디딤돌 사업을 통해 유치원, 초·중·고등학교에서 나눔 교육을 실시하고 있고, 사회복지공동모금회는 전국에 5개 권역으로 구분하여 나눔 교육센터를 운영하면서 어린이, 청소년, 성인을 위한 나눔 교육 개발 및 전문 인력 육성사업을 하고 있다. 나눔 운동본부는 2013년 나눔 교육센터를 개소하였고, 굿네이버스는 2008년 나눔교육 'One Heart'를 개발하여 나눔 교육 프로그램을 운영하고 있다.

미국은 모금전문가협회에서 'Youth in Philanthropy' 프로그램을 통해 유치원생부터 고등학생까지 나눔을 위한 봉사, 모금의 원칙, 후원자 권리 등을 교육하고 있다.

영국의 경우에는 'Giving Nation' 프로그램을 통해 모든 학년 학생들에게 스스로 사회적 이슈를 능동적으로 정해 시간, 재능, 현물후원 등 다양한 방법을 통해 대안을 찾아가는 교육을 실시하고 있다.

이와 같이 나눔 교육의 확산을 위해 민간 영역에서 다양한 노력들을 하고 있는 것처럼 규모가 작은 복지기관에서도 특성과 유형에 맞는 나눔 교육 프로그램을 선택하여 교육하는 것이 필요하다.

〈표 5〉 나눔 교육 사례

구분	중학생	고등학생	대학생
교육	• 후원의 중요성 교육 • 모금과 관련한 생각들을 마인드맵으로 정리하여 하나의 생각 나무를 만든다.	• 학생들에게 후원에 관한 교육 및 정보 제공 • 후원금 사용에 대한 투명성·후원금 사용 내역·후기 등 교육	• 후원금으로 인한 대상자의 삶의 변화 • 모금과 관련한 주제를 선정한 후 자유롭게 토론
관찰	• 후원금 사용 경로를 관찰 • 타인의 후원으로 변화된 사람들의 이야기 영상보기	• 모금 콘텐츠 제작 • 후원 경험이 있는 사람들과 이야기 나눔	• 후원 및 모금 현장 방문 • 지역의 모금 관련 사례를 찾아 문제점과 대안 토론
참여	• 모금 SNS 홍보활동 참여 • 자신의 물품 후원	• 모금 홍보 팸플릿 제작하기 • 부모님 또는 친구들과 함께 후원하기	• 후원 프로젝트 만들기 • 직접 후원금으로 진행되는 사업에 자원봉사로 참여

* 나눔 교육은 복지기관에서 표와 같이 대상과 유형을 나눠 적절한 나눔 교육 프로그램을 개발하여 운영하는 것이다.

　　대학생이나 취업준비생들의 경우 학점을 이수하기 위해 자원봉사 활동에 참여하고, 봉사활동을 졸업인증제에 포함하여 운영하는 대학의 경우 학생들이 졸업을 하려면 학교에서 정한 특정 시간 동안 봉사활동을 해야 한다. 취업준비생의 경우 취업을 준비하는 공기업이나 사기업에서 요구하는 자원봉사 시간을 만들기 위해서 봉사활동을 하는 경우도 있지만, 대학에서 가르치는『자원봉사론』(박태영 외 공저, 공동체. 2016)에서는 보통 성인이 자원봉사 하는 동기 유형을 아래와 같이 5가지 동기로 구분하고 있다.

  첫째, 상부상조적 동기

  둘째, 종교적 동기

  셋째, 자기 성장적 동기

  넷째, 직업적 동기

  다섯째, 강제 참여적 동기

이와 같이 자원봉사에 참여하는 동기는 다양한데, 복지기관에서는 동기유형에 적합한 자원봉사 교육프로그램이 없는 경우가 많다. 동기에 맞게 자원봉사자 교육이 시행되지 않는다면 자신이 지금 활동하고 있는 자원봉사가 무슨 의미가 있는지 의문이 생기고, 봉사활동 중 상황마다 어려움을 겪으면서 불만족하게 되어 지속적인 봉사활동을 하지 못하게 된다.

불만족한 상태로 봉사활동을 중단하게 되면 복지기관에 대한 부정적인 인식은 복지기관에도 도움이 되지 못한다. 그렇기 때문에 봉사자의 참여 동기에 맞는 적절한 자원봉사 교육이 필요하고, 봉사활동이 끝나고 나서는 감사인사를 나누거나 감사 문자를 보낼 때도 유형에 맞는 적절한 메시지를 선택하는 것이 중요하다.

먼저, 상부상조적 동기는 봉사활동을 통해 자신에게도 이익이 될 수 있기를 기대한다. 그렇기 때문에 교육할 때 자원봉사 활동을 통해 자신에게 어떤 이익이 있는지 구체적으로 제시해 주는 것이 좋다.

둘째, 종교적 동기로 참여하는 경우 일부 봉사자들은 선교 활동을 목적으로 하는 경우와 도움이 필요한 사람들을 동정의 대상으로 보며 봉사 활동을 하는 경우가 있기 때문에, 선교 활동을 하지 않도록 주의하고 복지기관의 규칙을 잘 준수할 수 있도록 하고 인간의 존엄과 가치에 대한 교육이 필요하다.

셋째, 자기 성장적 동기는 새로운 경험을 통해 자기 성장과 만족을 충족하고 봉사활동을 통한 성취욕구가 높은 경우이다. 자원봉사 교육은 다른 자원봉사자들과 함께 팀을 이뤄 친교할 수 있는 기회를 만들어 주고, 서로 토론하여 팀원들이 복지기관에 적합한 봉사활동을 찾아 실천할 수 있도록 하는 것도 좋다.

넷째, 직업적 동기로 참여한 자원봉사자의 경우 직업과 연계된 봉사활동을 할 수 있도록 하는 것이 필요하다. 자원봉사교육도 현재 하고 있는 일과 필요로 하는 클라이언트의 문제 해결을 위한 교육이 필요하다.

예를 들면 건축을 전공한 사람의 경우 장애인의 사회생활을 위해 턱없는 세상에 관한 교육을 하여 불편함이 없는 건축에 대한 생각을 우선적으로 할 수 있도록 하고, 핸드폰을 제작하는 사람들이라면 핸드폰을 만들 때 장애인이 편리하게 이용할 수 있는 핸드폰을 만들 수 있도록 교육을 하는 것이다.

만약 전기기술자라면 저소득 가정을 방문해서 전기 관련 제품을 수리할 수 있도록 하여 직업과 봉사가 연계되어 지속적으로 봉사활동을 할 수 있도록 하는 것이 중요하다.

다섯째, 강제 참여적 동기로 참여한 자원봉사자의 경우 봉사에 대한 의지가 많이 떨어져 있고 불만이 많은 상태이며, 봉사활동을 하고 있는 복지기관과 봉사에 대한 지식이 많이 부족한 상태이기 때문에 복지기관에 대한 이해와 자원봉사에 대한 기본을 교육하는 것이 좋다. 교육방법도 강의보다는 영상 자료 등을 많이 활용하는 것이 바람직하다.

복지기관에서 자원봉사 교육은 반드시 필요하다.

바쁘다는 이유로 교육을 소홀히 하고 자원봉사 활동을 시키면 일회성으로 끝나는 경우가 많고 활동 중 생긴 불만이 봉사활동을 마친 다음부터는 복지기관 이미지에 나쁜 영향을 줄 수도 있다. 그리고 자원봉사 교육을 참여 동기와 무관하게 획일적으로 하는 것은 바람직하지 않다.

　매월 신규 자원봉사자가 찾아와 활동하는 복지기관이라면 매월 1회 자원봉사자 기초교육을 시행하여 기초교육 수료 후 활동할 수 있도록 해야 한다. 그리고 기초교육을 수료한 사람들을 대상으로 분기별 자원봉사 전문교육을 시행하고 1년에 두 번 정도는 자원봉사 리더 양성 교육을 시행하는 것이 좋다. 신규 자원봉사자가 1년에 기초교육, 전문교육, 리더 양성 교육을 통해 동기부여가 되고 지속적으로 참여할 수 있게 해야 한다.

　지속적으로 자원봉사 활동에 참여하는 사람이 복지기관의 후원자로 참여하게 된다.

〈생각해 보기〉

청소년들을 대상으로 하는 나눔(자원봉사) 교육은 교육, 관찰, 참여 세 가지
유형의 교육이 필요하다. 한 사람이 한 가지에 참여하기도 하지만 세 가지
모두 참여하면 더 효과적이다.
미래 잠재적 후원자 양성을 위해 우리 복지기관에 오는 중학생들을 대상으
로 교육, 관찰, 참여 세 가지 유형의 나눔 교육을 어떻게 할 것인지 기획해
보자.

1. 교육프로그램

2. 관찰프로그램

3. 참여프로그램

14장

모금을 위한 행사 꼭 필요한가?

·
·
·
·
·
·
·

사회복지사는 지역주민들을 만나 지역사회 문제를 알리고
주민들에 의해서 지역사회 문제 해결을 위한 모금행사가
여기저기 많은 곳에서 주민들이 주관하여 진행할 수 있도록
하는 것이 바람직하다.

단순히 돈을 모금하기 위한 모금행사는 바람직하지 않다. 지역사회
복지는 돈에 의한 실천이 아닌 사람들의 참여로 이뤄져야 한다.

많은 복지기관들이 1년에 한 번은 모금행사로 일일호프를 한다. 그
리고 자원봉사자나 후원자에게 일일호프를 통한 모금행사에 10,000

원짜리 티켓을 팔아 달라고 부탁한다. 티켓을 구매해 주는 대부분의 자원봉사자나 후원자는 이미 복지기관에서 나눔을 실천하고 있는 사람들이다. 모금 담당자가 일일호프 티켓 구매를 요청했을 때 대부분 한두 장씩 구매를 해 준다. 그러나 어쩔 수 없이 구매할 경우 복지기관에서 봉사활동이나 후원활동을 하는 동기가 점점 감소되어 결국 봉사와 후원활동을 중단하는 사례들도 있다.

일일호프와 같은 모금행사는 모금을 위한 일일호프가 아닌 복지기관 담당자들이 1년 동안 업무에 집중하면서 동료처럼 함께 활동하고 있는 자원봉사자나 후원자 분들과 소통하고 감사의 마음을 전하고, 함께 격려하고 공감할 수 있는 시간을 만들기 위한 행사가 되어야 한다.

그러나 여전히 많은 복지기관에서는 결식아동, 결식노인, 저소득 주민을 돕기 위한 일일호프를 한다. 이런 일일호프를 통한 모금을 위해 복지기관의 많은 직원들이 행사를 기획하고, 한 장에 10,000원 하는 티켓을 직원 수와 직급에 따라 적정하게 분담하여 판매하도록 권유하는 경우도 있다. 결국 일일호프를 기획하고 실시하는 약 한두 달은 사회복지사의 업무에 집중하지 못하고 스트레스로 불편해진다.

사회복지 모금은 지역사회 문제와 클라이언트의 문제를 예방하고 해결하기 위한 지역주민의 참여를 촉진하는 활동이다. 단순히 돈만을 모금해서 클라이언트에게 전달하는 것이라면 대기업이나 온라인을 통한 모금활동이 바람직할 것이다. 지역사회의 복지기관이 해야할 중요한 역할은 지역주민이 지역사회 문제를 인식하고 함께 모여 논의하고 해결할 수 있도록 하는 것이다.

복지기관의 모금 담당자가 해야 할 역할은 지역주민의 참여를 위한 모금활동이어야 한다. 그렇기 때문에 사회복지 모금은 사람들을 모아 사회문제를 예방하고 해결하는 중요한 사회복지 실천기술인 것이다. 그래서 복지기관이 직접 티켓을 팔아 단순히 운영 기금을 만드는 일일호프와 같은 모금 방법은 신중히 검토되어야 할 것이다.

지역사회 문제 해결을 위해 지역주민이 주최하여 지역주민들이 참여하는 일일호프가 여기저기서 수시로 시행될 수 있도록 하고, 주민들에 의해 모금된 돈이 복지기관에 전달되어 클라이언트에게 분배되거나 프로그램 운영을 통해 클라이언트에게 전달될 수 있도록 해야한다. 결국 모금 담당자는 주민들과 자주 만나고 소통할 때 그리고 지금 그 지역에서 모두가 공감할 수 있는 이슈를 알릴 때 가장 모금을 잘할 수 있는 것이다.

15장

모금행사를 알리는 홍보는
어떻게 해야 할까?

:
:
:
:
:
:

홍보는 상대방이 인지하고 이해했을 때 홍보가 끝난 것이다.

홍보는 복지기관을 이용한 사람들에 의해

소식이 전달되거나 SNS나 메일로 전달되는 것이 좋다.

홍보는 상대방이 인지하고 이해했을 때 홍보가 제대로 된 것이다. 기존의 복지기관의 홍보담당자들은 업무 인계인수 받은 대로 기존 홍보처에 기존의 방법을 그대로 수행하고 있는 경우가 많다. 사회 환경은 빠르게 변화했는데 여전히 『교차로』 같은 일간지나 주간지에만 홍보하거나 복지기관 홈페이지에 홍보하는 경우가 대부분이다. 그리고 복지기관 프로그램의 참여율은 저조해서 프로그램을 지속할 것인가 말 것인가에 대한 논의들을 반복하고 있다.

홍보는 복지기관에서 알리는 것으로 끝나는 것이 아니다. 홍보는 복지기관에서 알리고 알린 내용을 전달하고자 한 주민이 보고 참여했을 때 홍보가 종료되는 것이다.

기본적으로 홍보를 할 때는 상대방의 입장에서 상대방이 자주 접하는 홍보매체를 활용하는 것이 좋기 때문에, 연령대와 홍보매체를 구분하여 홍보하는 것이 필요하다.

50~60대는 인터넷보다는 일간지나 주간지 등을 통한 정보를 습득하는 것이 편리한 세대이고, 30~40대는 이메일과 앱을 이용하는 것이 편한 세대이다. 그리고 10~20대는 앱을 주로 이용하고 있는 세대이기 때문에 복지기관에서 같은 행사를 홍보할 때도 연령대와 홍보매체에 맞게 적절하게 홍보하는 전략이 필요하다.

일간지나 주간지 등 지면을 통한 홍보의 경우 기본적으로 시청에서 발행하는 시정소식이 있다. 시정소식은 시청 공보계에서 한 달에 한 번씩 발행해서 아파트 및 공공기관에 배부하기 때문에 많은 사람들이 쉽게 볼 수 있다. 지역신문은 주간지로 발행되고, 발행부수도

5,000부 이하인 곳이 많다. 그리고 대부분 공공기관을 중심으로 배부되고 독자 수가 작다. 『교차로』나 『벼룩시장』은 매일 발행하는 일간지로 여전히 많은 사람들이 보고 있다.

인터넷을 통한 홍보는 시청, 유관기관, 주요 단체의 홈페이지에 게시하기도 하지만 이메일을 통한 홍보가 효과적이다. 복지기관을 이용하는 사람들의 이메일 주소를 참여 유형에 따라 복지기관 홈페이지에 회원으로 등록하여 매월 정기적으로 또는 수시로 메일을 발송할 수 있도록 해야 한다. 시간이 경과하면서 복지기관 메일 주소록에 등록된 회원들이 점점 증가하면서 복지기관의 사업을 수행하는 것도 점점 수월해질 것이다.

구글, 페이스북, 밴드 등 앱을 통해 홍보할 때도 복지기관에서 사용하는 하나의 스마트폰에 복지기관을 이용하는 프로그램 유형에 따라 구분해서 지속적으로 전화번호를 저장해 나가야 한다. 그리고 매월 정기적으로 복지기관에서 운영하고 있는 앱의 회원 수를 증가시키면서 홍보하는 것이 효과적이다.

기타 플랜카드 홍보의 경우 동 복지센터의 게시대를 활용한 홍보가 효과적이다. 길거리 게시대의 경우 달리는 자동차 안에서 또는 걸어

가면서 플랜카드를 보기 어렵다. 동 복지센터의 경우 지역의 주민과 봉사단체들이 자주 오가는 곳으로 모금은 물론 복지기관의 다양한 사업을 홍보하기에 적합하다.

아파트의 경우 홍보협조 공문을 보내 아파트 관리사무소에 홍보물이 전달되면 관리사무소에서 아침 조회시간에 각 동 관리인들을 통해 아파트 각동의 게시판에 게시할 수 있도록 하는 것이 좋다.

홍보는 복지기관을 이용한 사람들의 입을 통해 소식이 전달되거나 또는 SNS나 메일로 전달되는 것이 가장 좋다. 그렇기 때문에 복지기관에서는 복지기관을 이용하는 사람들의 이메일 주소와 연락처를 홈페이지와 스마트폰에 지속적으로 저장해 나가야 한다. 저장되어 있는 회원들에게 지속적으로 문자나 메일을 발송하여 홍보하고 복지기관에서 네이버밴드나 페이스북 등 홍보매체를 추가적으로 만들어 홍보할 때도 기존 저장되어 있는 회원들을 통해 회원을 증가시키면서 다양한 사업들을 홍보할 수 있어야 한다.

또한 홍보매체와 홍보기관의 정보들을 〈표 6〉과 같이 엑셀이나 한글 문서에 지속적으로 기록하여 상황에 따라 기록된 자료를 활용하고, 홍보내용에 따라 적합한 홍보매체들을 활용할 수 있도록 홍보처의 리스트 관리가 필요하다.

〈표 6〉 홍보처 리스트 관리

구분	언론 매체	발행 주기	발행일	원고 마감	내용	담당 부서	담당자	핸드폰	팩스 번호	이메일
지역 신문										
생활 정보지										
지역 잡지										
지역 방송										
온라인 홍보처										
주민 센터										
아파 트관 리소										
기타										

〈생각해 보기〉

50~60대는 인터넷보다는 일간지나 주간지등을 통한 정보를 습득하는 것이 편리한 세대이고, 30~40대는 이메일과 앱을 이용하는 것이 편한 세대이다. 그리고 10~20대는 앱을 주로 이용하고 있는 세대이다.
복지기관 프로그램 홍보를 위해 우리 지역의 지역주민들이 볼 수 있는 홍보매체를 모두 찾아 적어 보자.

- 일간지

- 주간지

- 시청 등 공공기관을 이용할 수 있는 홍보매체(예: 동 복지센터 게시대, 시정소식 신문, 반상회보 등)

- 인터넷 홈페이지

- 인터넷 카페 모임

- 인터넷 밴드(SNS) 모임

III

효과적인 모금 제안

16장

기업(단체)에 사업 제안서 제출하는 절차

한 곳의 기업이 한 개의 복지사업을 후원할 수 있게 제안서를 준비하고
기업의 책임자와 소통할 수 있는 모금 협력자를 통해 제안하자.

모금 담당자가 모금을 하는 가장 좋은 방법은 하나의 사회문제를
한 곳의 기업에서 지속적으로 책임지고 후원할 수 있도록 하는 것이
다. 복지기관에서 매년 겨울이 되면 저소득 주민들의 난방비를 후원
받기 위해 여기저기에 후원을 요청하는 것이 아니라, 난방비 후원에
첫 번째로 연계된 기업(단체)이 있으면 후원약정을 통해 매년 같은
날 난방비를 후원할 수 있도록 하는 것이다.

그렇게 복지기관 하나의 프로그램과 한 곳의 기업을 연계하여 안정적이고 지속적인 사업을 추진할 수 있도록 하면 모금 담당자도 매년 반복되는 사업의 재정 확보를 위해 여기저기에 후원을 요청하는 행위를 반복하지 않아도 되고, 기업의 경우도 브랜드 있는 후원을 하게 되어 훨씬 더 효율적이면서 지속적으로 참여할 수 있게 된다.

예를 들면 A기업이 독거노인 난방비 지원 사업을 1회에 10명, 2회에 10명, 3회에 10명, 4회에 10명씩 매년 10명씩 후원할 경우 인터넷이나 언론매체에 홍보할 때 'A기업은 현재까지 4년간 40명의 독거노인들에게 난방비를 지원하였습니다.' 하는 것이 이것저것 많은 사업에 후원하는 것보다 기업 임직원들의 만족도가 높아지고, 지속성 있는 참여를 유도할 수 있다.

기업의 담당 직원도 매년 같은 시기에 같은 내용의 후원을 하기 때문에 직장 상사에게 업무를 보고하기도 훨씬 수월하다. 그렇기 때문에 '1기업 + 1프로그램' 연계 후원 방법은 복지기관과 후원기업 모두에게 크게 도움이 된다. 모금 담당자는 매년 같은 시기에 후원기업에 전화해서 난방비지원 전달식을 무슨 요일에 몇 시쯤 할 것인지 일정만 협의하고 확인하면 된다. 이와 같이 한 가지 사회문제(프로그램)를 한 기업에서 지속적으로 관심을 가질 수 있게 협약을 체결해 나가면 다양한 프로그램에 많은 기업들을 참여시켜 안정적으로 후원을 넓혀 갈 수 있는 것이다.

모금 담당자는 매년 연계된 기업에서 후원하는 규모가 전년도보다 조금씩 확대해 가는 것이 중요하다. 올해 독거노인 10명에게 난방비 500만 원을 후원했다면, 내년에는 1,000만 원의 예산으로 20명에게 후원해 줄 것을 요청하는 것이다. 그렇게 지역의 독거노인의 현황을 공유하고 후원의 동기 부여를 통해 조금씩 확대해 가는 것이 필요하다.

'하나의 프로그램과 한 곳의 기업을 후원 연계하기 위한 사업 제안서' 제출 절차는 〈표 7〉과 같다.

〈표 7〉 기업 연계 마케팅 제안 프로세스

1. 기획 단계	2. 제안서 작성 단계	3. 제안 단계	4. 실행/평가 단계
지역사회 내 가장 심각한 사회문제를 찾고 어느 기업(단체)에 어떻게 후원을 요청할 것인가를 찾는 단계	잘 정리된 사업 제안서를 어떻게 전달할 것인가를 탐색하는 단계	기업의 담당자와 만나 욕구를 파악하고 욕구에 맞게 수정된 사업 제안서를 제안하는 단계	협약을 통해 사업비를 후원받은 다음 사업 종료 후 사업보고서를 어떻게 만들어 전달하고 어떻게 좀 더 후원 규모를 확대할 것인가를 협의하는 단계

1-1. 문제 파악	2-1. 제안내용 점검	3-1. 제안 전략 탐색 및 제안	4-1. 후원사업 협약식
1-2. 정보 수집	2-2. 제안방식 선택	3-2. 1차 미팅 (욕구 및 현황 분석)	4-2. 목표에 따른 평가 및 결과 보고 (분기/년 말)
1-3. 상황 분석	2-3. 제안서 작성	3-3. 2차 미팅 (초안 제시)	4-3. 향후 진행 일정 협의 및 후원사업 확대
1-4. 아이디어 도출		3-4. 3차 미팅 (구체적 실천 계획 수립)	
1-5. 초안 작성		3-5. 제안서 브리핑	

사업 제안 단계별 수행과제를 좀 더 세부적으로 살펴보면 다음과 같다.

1. 기획 단계

1-1. 문제 파악

문제 파악은 복지기관 담당 사회복지사로 클라이언트 또는 지역사회의 지금 가장 심각한 사회문제를 파악해서 정리하는 단계이다. 모금을 가장 잘하는 사회복지 모금 전문가는 복지기관이 위치한 그 지역의 현재 가장 심각한 사회문제를 정확히 알고 지역주민들에게 알리는 것이다. 즉, 이슈를 찾아내고 알려서 지역주민들이 동참하여 지역사회 문제를 해결할 수 있도록 하는 것이다. 그렇기 때문에 모금을 잘하는 사회복지사는 현재 클라이언트의 행복한 삶을 위해 집중할 때 모금도 잘할 수 있게 된다.

1-2. 정보 수집

정보 수집 단계에서는 정리한 지역사회 문제 해결을 위해 함께 참여할 수 있는 기업이나 단체를 탐색하는 단계이다. 먼저 업체의 주요 생산품을 파악해야 한다. 기본적으로 기업에 후원을 요청할 때는 기업의 주요 생산품을 소비하는 소비자 세대의 대상과 연령대의 사회문제를 제안하는 것이 중요하다.

예를 들면 노인의 사회문제 해결을 위한 후원을 요청할 때는 제약회사에 후원을 요청하는 것이 좋고, 아동의 사회문제 해결을 위한 후원을 요청할 때는 완구나 제과회사에 후원을 요청하는 것이 좋다.

기업의 주요 생산품을 소비하는 소비자들을 위해 사회공헌 활동을 하는 것은 기업의 브랜드 이미지를 향상시키는 데 크게 도움이 되기 때문에 기업도 생산품의 주요 소비자 세대를 대상으로 사회공헌 활동을 하는 것을 선호한다.

다음은 기업의 홈페이지를 통해서 CEO 이력 및 활동을 분석하는 것이다. 모금 담당자는 모금을 기획하고 총괄하는 역할을 하고 후원을 요청하는 것은 모금 담당자가 하는 것보다 후원기업의 대표와 관련 있는 후원 요청 협력자를 통해서 하는 것이 효과적이다.

예를 들면 후원기업의 대표가 한국대학 복지학과를 졸업했다고 하자. 그러면 복지기관의 자원봉사자나 후원자 분들 중에서 한국대학 복지학과를 졸업한 사람이 있다면 그 사람을 통해서 후원기업의 대표를 만나는 것이 효과적인 방법이다.

지역의 후원기업이나 단체를 찾는 방법은 지역 상공회의소와 시청 그리고 인터넷을 통해 확인할 수 있다.

1-3. 상황 분석

후원을 요청할 기업과 경쟁사를 비교분석하여 후원기업이 더 성장할 수 있는 대안들을 제시하는 것이다. 기업이 복지기관에 후원함으로써 복지기관뿐 아니라 후원기업도 함께 성장할 수 있는 제안을 하는 것이 중요하다.

1-4. 아이디어 도출

기업의 생산품과 주 소비자의 심각한 사회문제 그리고 복지기관의 설립 목적을 병합하여 적절한 후원 브랜드를 만드는 것이다. 그리고 가장 중요한 것은 복지기관 모금 담당자가 후원을 받은 이후에 후원 금품을 통해 사업을 즐겁게 하기 위해서는 모금 담당자의 취미나 특기 등 관심 있는 분야면 더 좋다. 자신의 관심 있는 영역에 관한 노력과 실천이 모금 담당자도 함께 성장할 수 있기 때문이다.

1-5. 초안 작성

초안을 작성할 때는 중학생도 보고 이해할 수 있는 수준으로 쉽게 작성해야 한다. 사회복지사들이 일상에서 사용하는 '클라이언트'나 '인테이크' 등도 전문용어이다. 통계를 중심으로 쉬운 단어를 사용하는 것이 좋다. 초안은 후원업체에서 이해하기 쉽게 PPT 문서나 영상을 준비하는 것이 좋다.

2. 제안서 작성 단계

2-1. 제안서 내용 점검

사업 제안서는 PPT 문서로 준비하고 5장 이내로 작성하는 것이 좋다. 첫 장은 표지, 둘째 장은 복지기관의 설명, 셋째 장은 후원 요청대상의 사회문제 현황, 넷째 장은 후원 요청한 것을 클라이언트에게 전달하는 방법, 다섯째 장은 후원했을 때 기업의 이익과 감사인사 순으로 정리하는 것이 상대방이 읽고 이해하기 편리하다.

2-2. 제안 방식 선택

후원을 요청할 때 후원기업은 어느 한 복지기관에 후원을 해 주면 지역의 다른 많은 복지기관에서도 후원을 요청하기 때문에 불편해서 하기 싫다고 한다. 그리고 직원들이 교대근무로 일하기 때문에 자원봉사 활동에 참여하기 어렵다, 최근 경기불황으로 인해 후원해 줄 돈이 없다. 직원들의 참여 동기가 부족해서 도와줄 수 없다, 후원금 전달하는 것보다도 몸으로 직접 할 수 있는 것이면 좋겠다, 직원들의 연령과 성별 그리고 전문영역이 다 다르기 때문에 뭔가 해보고 싶지만 어렵다 등 다양한 이유들로 후원을 회피한다.

이와 같이 기업의 후원 담당 직원도 자신의 업무가 있고 기업에서 후원을 해 본 경험도 없고 어떻게 후원을 해야 할지 모르기 때문에 후원 요청을 받으면 스트레스가 높아진다. 그렇기 때문에 기업 후원 담당 직원의 입장에서 고민 없이 후원에 참여할 수 있게 제안하는 것이 중요하다.

예를 들면 다른 복지기관의 후원 요청을 할 때 이미 다른 복지기관에 하고 있다는 것을 보여 주기 위해 협약식을 체결하고, 직원들의 참여 동기를 높이기 위해서 언론에 적절하게 홍보하고 홍보된 내용을 회사 내 게시판에 게시하여 직원들과 직원 가족들이 볼 수 있도록 하거나, 경기 불황으로 경제적으로 지원하는 것은 어려워서 봉사활동으로 참여할 수 있는 것을 원한다면 사내에서 저소득 주민을 위한 바자회나 경매 이벤트 등을 통해 모금을 하고 복지기관에 모금된 돈이나 물품을 후원할 수 있도록 하는 방식을 고려해 볼 수 있다.

2-3. 제안서 작성

지금까지의 내용을 토대로 초안을 작성하고 점검하고 제안방식을 고려해 최종적으로 정리하는 단계이다.

3. 제안 단계

3-1. 제안 전략 탐색 및 제안

후원을 요청할 때 기존의 방식은 모금 담당자가 직접 후원기업에 요청을 했다. 그렇기 때문에 후원금액도 모금 담당자의 역량에 따라 상이하게 달랐다. 그러나 최근에는 모금 목표액을 설정하고 모금 목표액을 후원해 줄 기업을 찾은 다음, 기업에 모금액을 요청할 적합한 사람을 찾아 복지기관의 협력자로서 후원기업에 요청하도록 하는 것이 효과적이다.

국제공인모금전문가 비케이 안의 저서『비영리단체 모금 전략』에는 후원을 요청할 때는 6가지 요소들이 모두 "적절할"(Right) 때 비로소 모금이 성공적으로 이루어진다고 한다. 이 6가지 요소는 "적절한 금액"(Right Amount), "적절한 후원자"(Right Donor), "적절한 모금가"(Right Asker), "적절한 이유와 동기"(Right Reason), "적절한 방법"(Right Way), "적절한 시간"(Right Time)이다. 이 6가지가 모두 맞아야 하고 또 한 가지 중요한 것은 이 6가지가 그저 단순히 갖춰지는 것이 아니라 올바른 순서로 진행되어야 한다는 것이다.

과거에는 모금 담당자가 후원자에게 후원금을 요청하는 순으로 진행되었는데, 성공적인 모금을 위해서는 목표 금액을 먼저 정하고 그 목표 금액을 후원해 줄 수 있는 후원자를 찾은 다음, 그 후원금을 요청할 수 있는 모금 담당자를 선정하여 진행하는 것이다. 이때 모금 담당자는 복지기관의 직원뿐만 아니라 복지기관의 자원봉사자나 후원자 등 협력자를 통해서 하는 것도 효과적이다.

3-2. 1차 미팅(욕구 및 현황 분석)

대부분 1차 미팅 때는 기업의 후원 담당 직원을 만날 경우가 많다. 후원 담당 직원은 복지기관의 요청내용과 기업의 입장을 조율하고 기업의 이익이 되는 부분을 강조하고, 상사에게 쉽게 보고할 수 있는 자료들을 요청하기도 한다.

첫 번째 미팅 때는 복지기관이 모금하는 이유와 동기가 기업이 후원하려는 이유와 동기를 확인하고 일치하는 노력이 필요하다. 복지기관에서는 기업이 후원 이후에도 지속적으로 후원을 해 줄 것을 기대하는 것만큼 기업에서도 후원했을 경우 기업이 이익이 될 수 있는 기대들도 표면으로 드러내어 명확하게 논의하는 것이 중요하다.

3-3. 2차 미팅(초안 제시)

1차 미팅 때 논의한 이유와 동기 그리고 기대를 병합한 사업 제안서를 준비하여 다시 기업의 후원 담당 직원과 미팅하고 최종적으로 후원제안서를 확정하는 단계이다.

3-4. 3차 미팅(구체적 실천 계획 수립)

2차 미팅 때 후원 제안서를 확정하면 기업의 후원 담당 직원도 상사에게 보고하기가 쉬워진다. 그럼 2차 미팅 후 기업의 후원 담당 직원은 기업의 후원을 결정할 수 있는 중간관리자 또는 임원과 함께 만날 것을 요구하게 되고, 만남을 통해 후원할 것을 확정하거나, 구체적인 후원방법을 다시 한번 논의하는 단계이다.

3-5. 제안서 브리핑

3차 미팅 때 대부분 후원을 확정하지만 후원 규모와 내용에 따라서는 회사의 임원회의 때 프레젠테이션을 요청하는 경우도 있다. 거절하기 위해서가 아니라 기업의 많은 사람들의 참여와 원활한 진행을 위해서다.

4. 실행/평가 단계

4-1. 후원사업 협약식

협약식은 복지기관에서 시행하는 것이 좋다. 후원기업 임직원이 복지기관에 방문해서 복지기관의 다양한 사업들을 보는 것이 중요하다. 협약서에는 협약 기간과 후원 약정 금액을 표기하고 협약 기간은 보통 2년 정도로 한다. 협약식의 행사는 기관 홈페이지는 물론 지역신문에 보도하는 것이 중요하고, 향후 보도 기사가 나온 신문은 직접 기업에 방문해서 전달하여 수시로 소통하고 공유할 수 있는 시간을 만든다.

4-2. 목표에 따른 평가 및 결과 보고(분기/년 말)

복지기관에 후원을 하고 있는 필자는 복지기관을 통해 처음 결연후원을 할 때 특별한 동기나 감정에 의해 후원을 결심하고 후원을 시작했다. 그리고 후원을 시작한 지 3개월 정도 후에는 '돈도 없는데 괜히 했나.', '후원금은 잘 사용되고 있는 건가.'와 같이 갈등도 생기고 궁금증도 생겼다. 그리고 오랫동안 후원하고 있는 복지기관에서 후원금을 잘 받아서 사용하고 있다는 피드백이 없으니 후원을 중단하고 싶다는 생각을 많이 했다.

기업으로부터 후원금을 받았을 때는 중간중간 기업의 후원 담당 직원을 통해서 모두가 알 수 있도록 후원금이 어떻게 사용되고 있다는 내용을 기업의 후원 담당 직원이 상사에게 보고하기 쉽게 중간보고서를 만들어 전달하는 것이 필요하다. 그리고 연말에는 후원기업 임직원을 초청해 후원금을 통한 사업의 성과보고회를 실시하는 것도 도움이 된다.

4-3. 향후 진행 일정 협의 및 후원사업 확대

마지막으로 성과 보고회를 통해 후원의 효과를 공유한 다음 내년도 사업내용을 기업의 임직원들과 협의하고, 세부일정을 수립하는 것이 필요하다. 또한 성과 보고회가 끝나고 내년도에는 동일한 대상과 동일한 사업에 대한 예산을 좀 더 확대하여 수혜대상자의 인원을 점차 증가하는 것을 제안해서 매년 후원사업의 규모를 확대시켜 가는 것이 중요하다.

17장

모금함 배포 제안 절차와 관리 방법

.
.
.
.
.
.
.

모금함은 시장(상가)연합회 회장을 통해 제안하고
권역을 나눠서 A, B, C등급으로 관리해야 한다.

모금함 역시 돈을 모으기 위한 방법이라고 생각하기보다는 지역사회 곳곳에 배포하여 지역사회 문제를 알리고 주민들이 참여할 수 있는 수단으로 활용되어야 한다. 그리고 모금함은 관리할 수 있는 만큼 배포해서 모금 담당자와 소상인이 정기적으로 소통하고 모금함을 통해 주민들의 참여를 확대하는 것이 중요하다.

효과적인 모금함 배포 및 회수는 〈표 8〉과 같은 절차에 따라 시행할 수 있다.

<표 8> 저금통 모금함 배포 및 회수 절차

1. 기획 단계	2. 제안서 작성 및 제안 단계	3. 관리 단계	4. 실행/평가 단계
1-1. 정보 수집	2-1. 제안내용 점검	3-1. 등급 분류	4-1. 목표에 따른 평가 및 결과 보고 (월별/분기/년 말)
1-2. 권역 나누기	2-2. 제안 방식의 선택	3-2. 모금 배포 지도 제작 및 세부정보 입력	4-2. 향후 진행 일정 협의
1-3. 초안 작성	2-3. 제안서 작성	3-3. 스티커 부착	4-3. 확산
	2-4. 제안		

1. 기획 단계

1-1. 정보 수집

정보 수집 단계에서는 지역의 시장 위치, 규모가 큰 상가 위치 등을 파악하고, 배포하고자 하는 지역의 시장연합회, 상가연합회의 회장이나 사무국장의 연락처 및 연락할 수 있는 방법을 찾아, 복지기관에서 활동하고 있는 자원봉사자나 봉사단체의 대표 중에서 상가연합회 회장이나 사무국장에게 모금함 배포를 제안할 수 있는 협력자를 찾는 단계이다.

1-2. 권역 나누기

모금함을 관리하기 위해서는 모금함을 배포할 지역을 시장(상가)을 중심으로 권역을 나눠 관리하는 것이 좋다.

모금함은 후원금을 모금하는 동시에 지역사회에 사회문제를 알리고 참여를 촉진할 수 있는 홍보 협력업체로서의 역할도 할 수 있도록 한 곳에 집중적으로 배포하는 것보다 권역을 넓게 배포하는 것이 좋다.

모금함은 1개 권역에 40개를 배포하는 것이 적당하다. 40개의 수량은 모금 담당자나 모금 자원봉사자가 하루 동안 방문해서 수거하기에 적절하다.

1-3. 초안 작성

시장 상인의 경우 지역사회에 후원하고 싶은 마음은 있으나 사업의 특성상 후원이나 자원봉사에 참여하지 못하는 경우가 많다. 모금함은 시장 및 소상인들의 후원참여 욕구를 충족하고, 이슈가 있는 모금에 참여하고 홍보 협력자로 활동하면서 주민들의 참여를 촉진할 수 있도록 한다.

예를 들면 시장에는 반찬이나 식품을 판매하는 가게가 많은데, '결식아동 급식비 지원을 위한 모금함' 배포를 통해 모금된 돈으로 시장에서 반찬이나 식료품을 구매해서 배분해 주는 것이다. '시장에서 결식아동을 응원합니다.'라는 모금의 주제를 만들어 모금의 참여를 촉진하고 모금함 배포를 자발적으로 확산할 수 있도록 하는 것이 좋다.

2. 제안서 작성 및 제안 단계

2-1. 제안 내용 점검

초안을 작성한 다음, 제안내용이 상인들과 복지기관 그리고 클라이언트 모두에게 적합한지 점검한다. 모금함 배포 제안서는 PPT 문서 4장으로 준비한다.

첫 장에는 복지기관이 어떤 곳인지 설명하고, 두 번째 장은 후원 요청대상의 사회문제 및 현황, 세 번째 장은 클라이언트에게 후원금품 전달방법, 네 번째 장은 후원했을 때의 이익과 감사인사 순으로 간결하게 준비한다.

2-2. 제안 방식의 선택

처음 모금함을 설치하는 상인들은 불편한 점을 호소하는 경우가 있다. 상가의 계산대가 좁아 모금함을 설치할 장소가 없다, 손님들이 모금함에 돈을 넣지 않는다, 모금함이 파손되거나 분실될 염려가 있다, 돕고는 싶으나 관리할 수도 없고 정신없다 등 다양한 이유로 모금함을 설치하는 것을 불편하게 생각할 수도 있다.

모금 담당자의 입장에선 작은 모금함이 그렇게 부담이 될까, 생각할 수 있지만 상인의 입장에서는 분실이나 파손 기타 여러 가지 이유로 부담이 되어 거절할 수도 있다. 그렇기 때문에 누군가를 돕고 싶어 하는 상인들의 마음과 막상 모금함을 설치했을 때 염려되는 상황들을 총체적으로 정리해서, 상인의 입장에서 고민 없이 모금함을 통한 후원에 참여할 수 있게 제안하는 것이 중요하다.

그리고 걱정이 앞서는 사람들과 대화할 때는 일단 상대방의 의견을 수용하고 존중한 다음에 모금 담당자의 의견을 전달하기 위해 '예, 그러나', '예, 그러므로', '예, 그러면 한 번 더' 등의 대화방법을 활용하여 우선 불편함보다 설치 업체와 대표에게 이익이 되는 점을 부각하여 대화하는 것이 좋다.

예를 들면, '네, 모금함이 파손될 수도 있습니다. 그러나 걱정하지 마세요. 얼마 되지 않는 것이기 때문에 바로 교체해 드리겠습니다. 그러나 모금함을 설치하면 손님들이 봤을 때 지역사회에 후원하고 있는 가게이기 때문에 좋은 가게라고 생각할 것입니다. 그리고 우리 복지기관 홈페이지와 각종 홍보매체를 통해 가게를 홍보해 드리면 더 많은 주민들이 좋은 가게라고 생각하실 것입니다. 그러므로 이번에 지역사회 문제 해결에 동참도 하고 더 많은 손님들에게 좋은 가게 이미지를 전달해 주세요.'와 같이 불편이나 걱정보다 이익이 더 많다는 것을 잘 설득하여 참여할 수 있도록 해야 한다.

2-3. 제안서 작성

지금까지 초안을 작성하고 점검하여 제안방식을 고려해 본 것을 최종적으로 정리하는 단계이다. 제안서 작성은 통계에 근거하고 뉴스기사와 영상매체를 인용하여 PPT 문서와 동영상으로 제작해서 이메일이나 USB에 저장해서 전달할 수 있도록 하는 것이 좋다.

2-4. 제안

모금함 배포를 위해 시장이나 상가 하나하나를 방문하여 요청하는 것은 어려움이 많다. 시장(상가)연합회의 회원들은 보통 한 달에 한 번 정기적으로 월례회의를 개최한다. 사무국장이나 회장의 도움을 받아 월례회의 때 10분 정도 모금함 배포를 통한 지역사회 문제 해결에 동참해 줄 것을 모금 담당자가 직접 프레젠테이션하는 것이 효과적이다.

3. 관리 단계

3-1. 등급 분류

모금함 설치 업체를 모금함에 동전이 절반 이상 채워지는 기간을 기준으로 A, B, C등급으로 분류한다. A등급은 1개월에 절반 이상 채워지는 곳으로 월 1회 방문하고, B등급은 2개월에 절반 이상 채워지는 곳으로 2개월에 1회, C등급은 3개월에 절반 이상 채워지는 곳으로 3개월에 1회 방문하여 관리한다.

모금함 회수를 위한 방문일은 같은 날 주기적으로 반복해서 방문한다. 예를 들면 ○○업체를 매월 셋째 주 목요일 오전 10시에 방문하기로 했으면, 매번 같은 날 같은 시간에 방문하는 것이다. 그렇게 3번 정도 반복되면 모금함 설치 업체에서 모금 담당자의 방문을 기다리며 호의적으로 상대해 준다.

모금함은 업체를 이용한 손님들이 잔돈을 넣는 경우는 드물다. 그래서 업체 관계자가 잔돈을 교환하고 일부 넣는 사례가 많다. 정기적인 방문은 모금함의 일정액을 회수하는 데 도움이 된다.

3-2. 모금함 배포 지도 제작 및 세부정보 입력

모금함 수거를 위해 모금 담당자가 직접 정기적으로 방문하는 것은 업무상 많은 어려움이 있다. 따라서 모금함 배포 및 수거는 모금함을 관리할 수 있는 자원봉사지를 모집하여 교육하고 수거할 수 있도록 하는 것이 좋으며, 모금 담당자는 분기 1회 정도 모금함 설치 업체를 방문하여 관계자와 유대관계를 형성하는 것이 필요하다.

모금함을 설치해 놓고 모금 담당자가 모두 수거하려면 정기적인 방문을 못할 수도 있다. 수개월이 지나도 방문하여 수거하지 않게 되면 설치 업체가 복지기관에 대한 불신으로 향후 어려움이 발생한다.

모금 자원봉사자가 모금함을 수거하고 재배치하기 위해서는 모금 담당자가 쉽게 알아볼 수 있도록 〈그림 3〉과 같이 배포 업체 지도를 만들어 관리해야 한다.

모금함 배포는 상가나 시장을 중심으로 하는 것이 바람직하고, 권역을 넓게 해서 관리가 가능한 만큼 배포하는 것이 중요하다. 또한 모금 자원봉사자가 편리하게 방문할 수 있도록 모금함을 여기저기에

배포하는 것이 아니라 순차적으로 촘촘하게 배포해서 관리하는 것이
좋다.

그리고 〈표 9〉와 같이 모금함 배포 업체의 정보를 기록해야 한다.
배포 업체의 정보는 모금 담당자가 임의로 나눈 등급과 주소, 연락처,
대표자(협력자) 이름을 기록해서 보관한다.

마지막으로 〈표 10〉과 같이 A, B, C등급별 방문을 정기적으로 해서
방문 및 수거현황을 기록하면서 관리해야 한다. 복지기관 모금 담당
자의 잦은 이직과 담당자의 변경 혹은 특정 업체에 모금함을 설치하
라는 상사의 즉흥적인 지시에도 모금함 관리가 소홀해지지 않기 위
해서는 모금함 배포 지도는 물론, 설치 업체의 정보 및 방문 기록은
필수다.

〈그림 3〉 모금함 배포 업체 지도 샘플

연번	업체명
01	남해서점
02	아트마켓
03	또래오래
04	안경가게
05	멋진화장품
06	오뎅가게
07	꼬맹이의류
08	코끼리찐빵
09	순대국밥
10	마라탕
11	스타벅스
12	세븐일레븐
13	이마트
14	다이소
15	뚜레주르

※ 모금함 배포업체 지도 작성방법

지도에 보면 ①, ②, ③, ④ 순은 모금함을 수거할 때 방문하는 업체 순서를 표기한 것이다. ①번이 첫 번째 방문업체이고 ②번이 두 번째 방문업체 순으로 걸어서 이동하기 편리하게 순차적으로 모금함을 배포하는 것이 좋다. 오른쪽 표는 지도에서 ①, ②, ③…으로 기록한 번호의 상호를 기록한 것으로 이 배포 지도를 보면 누구나 쉽게 모금함을 교체하고 수거해 올 수 있도록 작성한 것이다.

〈표 9〉 모금함 배포 업체의 정보 기록

업체명	○○마트		배치일	22.01.28
연락처	010-5555-3333		구 역	C-3
급 수			비 고	

연번	관리일	관리내용	금액	비고
01	22년 03월 31일	교체수거	80,200	
02	22년 06월 04일	교체수거	90,550	
03	22년 09월 10일	교체수거	99,330	
04				
05				
06				
07				
08				
09				
10				
11				
12				
13				
14				

※ 모금함 배포 업체 정보기록 작성방법

C-3 구역에 있는 모금함 배포 업체 한 곳에 한 장씩 작성한다. C-3 구역에 있는 AB텔레콤 업체는 2009년 05월 28일 날 모금함을 처음 설치했다. AB텔레콤 업체의 정보 기록에는 AB텔레콤에서만 수거해 온 날짜와 금액을 기록하고 비고란에는 업체대표가 요구하는 사항을 기록하는 것이다. 예를 들면 '업체공사로 인하여 3개월간 휴업'과 같은 특이사항을 기록하는 것이다.

<표 10> 방문 기록 및 수거 현황 기록

모금함 설치 업체 방문 현황표(2022 상반기)

수거·교체(○), 방문(√), 신규(N)

연번	구역	업체명	1월	2월	3월	4월	5월	6월
01	A-1	행복농협	(○)		(○)			(○)
02	A-1	스포피아	(○)		(√)		(√)	
03	A-1	화로구이		(○)		(√)	(○)	
04	A-1	쌍용		(○)			(○)	
05	A-1	닭갈비전문점	(○)		(○)			(○)
06	A-1	드림스토어		(○)			(○)	
07	A-1	우리약국			(○)			(○)
08	A-1	행복안경원		(N)		(√)		
09	A-1	구두수선배달	(○)		(○)			(○)
10	A-1	지짐이		(○)		(○)		
11	A-1	비어비어		(N)		(√)		
12	A-1	초밥사랑		(○)		(○)		
13	A-1	서점	(○)			(○)		
14	A-2	고궁갈비	(○)			(○)		
15	A-2	청사초롱		(○)		(○)		
16	A-2	춘천닭갈비	(○)		(√)		(√)	
17	A-2	뚜레쥬르	(○)		(○)			(○)
18	A-2	파리바게뜨	(○)			(√)		
19	B-1	코리아마켓		(○)		(○)		(○)
20	B-1	우체국		(○)			(○)	
21	B-1	LG	(○)			(√)		

22	B-1	사거리해장국밥		(○)	(○)		(○)	
23	B-1	삼거리순대국밥				(N)		(○)

※ 모금함 배포 업체 방문기록 및 수거현황 기록 작성방법

모금 담당자가 임의적으로 나눈 구역별로 방문 기록 양식을 만들어 관리하는 것이 좋다. 〈표 10〉은 A-1 구역 중심의 업체이고 방문해서 수거했을 때는 '○'로 표기하고, 방문했는데 모금함이 적어 수거하지 못한 곳은 '√'로 표기한 것이다. 마지막으로 같은 구역에 신규로 모금함을 배포했을 때는 'N'으로 표기하여 최초 설치 일을 쉽게 확인할 수 있도록 한다.
'○', '√', 'N' 표기 옆에는 방문일자와 수거금액도 기록하는 것이 좋다.

3-3. 스티커 부착

모금함 배포 업체 입구에 복지기관에서 제작한 모금함을 통해 지역사회 복지문제 해결에 동참하고 있는 업체라는 것을 스티커 제작을 통해 부착하고, 복지기관 홈페이지나 SNS, 지역 신문 등을 통해 스티커의 의미를 홍보하고 스티커가 부착된 업체는 지역사회 복지문제를 해결하기 위해 동참하고 있는 좋은 업체라는 것을 홍보하는 것이 중요하다. 그리고 1호점, 2호점, 3호점과 같이 숫자로 표기해 가면 자발적으로 참여하고 싶어 하는 업체들이 증가할 것이다.

번호를 부여한 스티커 부착과 지역사회 언론을 통한 홍보를 적절히 활용하면 설치 업체 대표가 자긍심을 갖게 되어 참여를 지속하고 확대할 수 있을 것이다.

4. 실행/평가 단계

4-1. 목표에 따른 평가 및 결과 보고(월별/분기/년 말)

　평가 및 결과보고는 기본적으로 3가지 방법이 있다. 우선 모금함을 통해 발생한 후원금은 업체별로 금액을 표기하여 복지기관 홈페이지와 각종 홍보매체를 통해 매월 1회 정기적으로 공지하고, 연말에 업체별 수거 날짜 및 수거한 날 모금액과 연간 모금액 총액을 정리한 내역서와 후원금 납입증명서 그리고 모금액으로 사용한 복지사업의 내용과 성과를 정리한 보고서를 함께 우편이나 직접 방문을 통해 전달한다.

　두 번째는 연말이나 연초 단체나 모임의 정기총회 또는 송년회 때 방문하여 프레젠테이션을 통해 직접 보고할 수도 있다.

　마지막으로 복지기관에서 연말에 후원자들에게 성과 보고회나 송년 모임에 초대해서 프레젠테이션을 통해 모금액과 사용내역을 보고하는 것이다.

4-2. 향후 진행 일정 협의

　일선 복지기관의 모금 담당 직원은 한 명 배치되어 있거나 또는 한

명도 없는 경우가 대다수다. 처음에 모금을 요청할 때는 한 사람의 모금 담당자에 의해서 시작되지만 일정 시간이 경과하면 점점 모금에 참여하는 사람들에 의해서 다양한 방법으로 모금이 진행되고 지역주민의 참여를 촉진할 수 있어야 한다. 그렇기 때문에 모금 담당자는 금액보다 지역사회 문제를 알리고 지역사회 문제 해결을 위해 지역주민들의 동참을 호소하는 것이 중요하다.

모금함을 통한 성과 보고회를 마치고 난 다음에는 시장(상가)연합회 임직원들과 올해 진행했던, 사회문제 해결을 위해 모금을 지속할 것인가, 아니면 다른 유형의 지역사회 문제 해결을 위해 모금을 할 것인가를 함께 논의하는 것이 중요하다. 그리고 모금함 배포를 통한 모금을 촉진하기 위해 어떻게 할 것인가, 역할 분담은 어떻게 할 것인가 등 모금함 설치에 참여한 사람들과 향후 일정을 협의해 가는 것이 꼭 필요하다.

4-3. 확산

기본적으로 향후 진행 일정 협의 단계에서 협의된 일정과 방법으로 역할 분담을 통해 모금함 배포 업체의 참여를 확산시키는 것이다. 이렇게 시장(상인)연합회의 참여를 통해 1년 또는 2년의 모금함을 배포하다 보면 연합회 회원들에 의해, '시장노래대회를 통한 후원', '특정한 날 일일 매출 후원' 등 다양한 방법으로 확대되고 모금 담당자는 회의 진행 및 조정자의 역할을 통해 지역사회 문제 해결을 위한 모금을 확대할 수 있게 된다.

18장

모금 홍보자료 만드는 방법

자동차 카탈로그처럼 모금상품을 세분화하고
문제현황과 필요한 인력 및 예산을 구체적으로 기록해서
후원자들이 관심 있는 영역에 참여할 수 있게 하자.

후원에 관심 있는 잠재적 후원자가 방문해서 '후원하고 싶은데 어떻게 하면 좋겠습니까?'라고 물으면 후원자가 후원을 확정할 수 있도록 어떻게 안내할 수 있을까? 기업이나 단체에 후원 요청 공문을 보낸 다음 기업의 후원 담당 직원을 만나게 되었다면 어떻게 어디서부터 후원 요청에 관한 이야기를 시작할 것인가?

많은 복지기관의 직원들은 자신들이 알고 있는 결식아동 이야기, 독거노인이야기, 가출 청소년 이야기를 구구절절 설명할 것이다. 그리고 '지역의 어려운 사람들을 위해서 도와주세요.'라고 요청한다. 그러면 잠재적 후원자는 누구를 대상으로 어떻게 어느 정도의 후원금을 지원해야 하는지 혼란스러워하거나, 자신이 생각하는 후원 규모가 너무 작은 것은 아닌지, 또는 너무 많은 것은 아닌지 고민할 수도 있다.

사람들이 어떤 상품을 구매할 때는 제품에 대한 상세한 정보들을 조사한다. 만약 자동차를 새로 사고 싶다면 자동차를 구매하기 위해서 인터넷을 검색해 보고, 어떤 차를 구매할까 고민하다가 결국 관심 있는 자동차 회사의 영업소를 방문한다. 영업소를 방문해서 영업사원을 만날 때는 차량을 구매할 의사가 많을 것이다.

그럼 영업사원은 친절하게 인사하면서 고객이 원하는 차량이 소형차인지 중형차인지 어느 정도 규모인지 파악을 한다. 그리고 적절한 차량의 카탈로그를 제시하여 자세하게 설명해 준다. 카탈로그에는 자동차 디자인, 편의사양, 제원, 안정감, 스타일 등이 쉽게 알아볼 수 있도록 정리되어 있다.

카탈로그 뒷부분에는 구매를 고민하는 고객을 위해 구매충동을 일

으키게 하는 조언도 있다. '자동차 구매를 생각 중이세요?', '어떤 자동차가 좋을까?', '어떻게 구매하면 좋을까?' 그렇게 카탈로그를 통해 고객의 마음을 확 사로잡는다.

영업사원은 카탈로그를 보여 준 다음 구매 비용은 어느 정도 있는지 확인하고 일시금과 할부금을 적절하게 나눠 고객이 부담 없이 구매할 수 있도록 안내를 한다.

복지기관의 모금도 이와 같이 모금이 필요한 사업별로 카탈로그를 만들어야 한다. 언제든지 복지기관으로 잠재적 후원자가 방문했을 때 참여하고 싶은 후원의 유형을 확인하고, 잠재적 후원자가 생각하고 있는 일시 후원금 또는 월별, 분기별 정기후원금 등 규모에 맞게 모금 카탈로그를 보여 주며 참여할 수 있게 하면 후원의 신뢰도와 만족도가 높아져 후원 결정에 긍정적 영향을 줄 것이다.

기업이나 단체에 방문할 때도 마찬가지다. 기업의 후원 담당 직원을 만날 때마다 프린터로 출력해서 후원을 요청하는 것이 아니라 자동차 카탈로그처럼 이해하기 쉽고, 보기 좋게 모금 카탈로그를 제작해서 후원을 요청한다면 기관의 신뢰도와 후원 결정에 긍정적인 영향을 미칠 것이다. 그리고 매년 모금 카탈로그를 업그레이드 해 놓으면 복지기관의 모금액과 모금을 통한 복지사업들이 확대될 것이다.

〈그림 4〉 모금 카탈로그 샘플

19장

간단한 후원 요청 카드 만들기

·
·
·
·
·
·

후원 요청은 빈곤을 상품화하는 것이 아니라

후원에 참여하는 방법을 알리는 것이다.

누구나 쉽게 참여할 수 있도록 명확하게 만들어야 한다.

사회복지사는 클라이언트를 대변하고 옹호하는 역할을 한다. 클라이언트를 지역사회에 참여할 수 있도록 하고 주체로 독립할 수 있도록 지원하여 모두가 행복한 마을을 지향한다.

그러나 모금을 통해 클라이언트를 돕겠다는 이유로 많은 모금 담당자들이 가난을 상품화하거나 클라이언트를 동정의 대상으로 만드는 경우가 종종 있다. 모금을 더 많이 하기 위해 클라이언트를 더 불쌍해 보이게 이야기하는 경우도 있다.

사회복지 모금은 가난한 사람이나 도움이 필요한 사람을 상품화해서 돈을 버는 마케팅이 아니다. **모금은 가난한 사람이나 도움이 필요한 사람이 주체가 되고 사회에 참여할 수 있게 하고, 후원자도 후원을 통해 사회에 참여할 수 있는 기회를 제공하는 것이다.**

그렇기 때문에 후원을 요청하는 메시지나 카드를 제작할 때도 '도와주세요.'라는 단어보다는 후원자가 후원자 자신을 위해 후원에 참여하는 단어를 선택하는 것이 바람직하다.

〈생각해 보기〉

시골에 살고 있는 저소득 가정의 초등학교 4학년 진우는 클라리넷을 배우는 게 꿈이다. 그러나 진우가 살고 있는 동네에는 학원도 없고, 학원비도 낼 수 없다. 진우와 같은 저소득 가정 초등학생들이 클라리넷을 비롯한 악기를 배울 수 있도록 모금을 해 보자.

먼저 '도와주세요.'라는 단어가 아닌 후원자가 자신을 위해 후원에 참여할 수 있는 후원 요청 카드의 메시지를 작성해 보자.

[1페이지]	[2페이지]
[3페이지]	[4페이지]
[5페이지]	[6페이지]

IV

NO를 YES로 바꾸는
모금 대화

20대부터 50대까지
유형에 맞게 후원을 요청하자

．
．
．
．
．
．
．

상대방의 언어로 소통할 때 소통할 수 있다.

세대를 세분화하여 소통할 수 있는 매체를 활용하라.

우리 사회에는 다양한 세대들이 있고 세대마다 다른 언어들을 만들어 가고 있다. 기본적으로 X세대, Y세대, Z세대 등과 같이 점점 세대가 구분되어 가면서 '나는 어느 세대의 사람인가?'가 질문의 대상이 되고, '우리 세대의 특징은 무엇인가?'가 모이는 사람들의 이야기 주제가 되었다. 그리고 사람들은 이렇게 나눠진 세대의 문화에 적응해 가고 있다.

자본주의 사회에서 세대 구분은 어쩌면 너무나 당연한 것이다. 『90년생이 온다』(임홍택, 2019) 도서에서는 기업들이 생산품을 판매하기 위해서 제품을 구매하는 소비자에게 맞춤형 홍보 전략이 필요했고, 그래서 경험이나 특정 문화를 기준으로 연령대를 범주화해서 세대를 구분하기 시작했다고 한다.

'X세대'는 1991년 캐나다에서 출판된 『X세대』라는 소설에서 처음 사용했는데, 미국의 기업들이 판매 전략을 위해 베이비붐 이후 세대인 1965년에서 1976년 세대를 'X세대'로 구분하여 특징과 소비성향을 분석하면서 X세대가 일상적인 단어가 되었고, 한국의 경우는 1993년 남성화장품 '아모레 트윈엑스'에서 X세대라는 단어를 처음 사용하였다고 한다. 그리고 1980년도 이후 출생한 세대를 'Y세대', 1995년 이후 출생한 세대를 'Z세대'라고 한다.

이와 같이 사회복지사들도 많은 사람들이 후원을 통해 모두가 성장하고 행복해질 수 있도록 안내하기 위해서 세대를 구분하여 후원을 요청하는 것이 필요하다.

먼저, 20대의 경우 사회 초년생으로 클라이언트와 직접적인 만남을 통해 재능을 후원하는 것이 적절하다. 예를 들어 초등학생을 대상으로 학습지도를 하거나, 어르신을 대상으로 말벗해 주기, 결혼 이주 여성을 대상으로 일상생활 가이드 해 주기 등이 좋다.

30대의 경우 다양한 분야에서 전문직으로 일하고 있으며, 일부는 회사에서 재능 기부를 강요하는 경우도 많기 때문에, 30대의 경우는 재능 기부와 경제적 후원을 적절하게 요청하는 것이 좋다.

40대의 경우 경제적으로 안정되고 직장에서 중요한 역할을 담당하고 있으며, 부모, 친구, 동료 등 소중한 분들과 사별을 경험하기 시작하면서 행복한 삶에 대한 관심이 커지고 이웃을 둘러볼 수 있는 여유가 있다. 그렇기 때문에 40대의 경우에는 경제적 후원을 재능 기부보다 더 많이 요청하는 것이 좋다.

50대의 경우 은퇴를 준비하면서 새로운 일과 삶을 준비하는 시기이다. 다양한 취미생활이 취업이나 새로운 직업으로 연계되길 원하고 새로운 직업에 대한 가능성을 분석할 수 있는 자기점검이 필요한 시기이다. 구체적인 대화를 통해 후원자와 클라이언트 모두가 행복할 수 있도록 후원을 잘 연계해 주는 것이 중요하다.

60대의 경우는 회사에서 은퇴 후 삶을 살아가야 한다는 부담으로 경제적 후원을 하는 것은 부담이 된다. 그러나 은퇴 전 직장생활의 경험과 인적 자원이 많다. 60대의 후원자에게는 경제적 후원이 아닌 다양한 사람들이 복지기관에 경제적 후원이나 재능 기부를 할 수 있도록 협력자로서 요청하는 것이 바람직하다.

마지막으로 모든 연령대에서 후원 요청을 통해 모금을 가장 잘하는 요령은 복지기관이 위치한 그 지역의 지금 가장 적절한 이슈(사회문제)를 알리는 것이다. 사회문제를 알리고 지역주민이 재능 기부를 통해서 또는 경제적 후원을 통해서 그 문제를 해결하도록 하는 것. 그것이 사회복지 실천이며 사회복지 모금인 것이다.

모금을 가장 잘하는 사회복지사는 지금 하고 있는 업무에 가장 충실한 사람이다. 즉, 지금 담당하고 있는 클라이언트의 행복을 절실하게 원하는 사회복지사가 가장 모금을 잘할 수 있는 것이다.

복지기관에서 독거노인의 정서 지원차 화분을 하나씩 가정에 나눠 주기 위해 모금을 하려고 한다. 세대에 맞는 홍보매체를 모두 찾아 적절한 모금메시지를 작성해 보자.

- 20대가 자주 이용하는 홍보매체 및 메시지
홍보매체 1.   2.   3.
메 시 지 :

- 30대가 자주 이용하는 홍보매체 및 메시지
홍보매체 1.   2.   3.
메 시 지 :

- 40대가 자주 이용하는 홍보매체 및 메시지
홍보매체 1.   2.   3.
메 시 지 :

- 50대가 자주 이용하는 홍보매체 및 메시지
홍보매체 1.   2.   3.
메 시 지 :

- 60대가 자주 이용하는 홍보매체 및 메시지
홍보매체 1.   2.   3.
메 시 지 :

21장

반복하면 누구나 잘할 수 있다

후원 요청은 상대방이 인식했을 때 모금이 가능하다.

문서로 요청하고 3번 전화로 확인해야 한다.

5곳에서 후원을 받기 위해서는 100곳의 거절을 수용해야 한다.

 사회복지사로 일하면서 매일 생활이 어려운 사람들을 자주 만난다. 가스레인지가 없어서 불편하게 생활하는 사람, 자전거가 있으면 중고등학교에 다니기 좀 더 편리한 저소득 가정의 청소년들, 난방기기가 없어서 힘들어하는 사람들. 이와 같이 다양한 문제들을 해결하기 위해서는 많은 후원물품이 필요한데 소수도 아니고 복지기관에서 그때그때 구입해서 전달해 주는 것은 어렵다.

그래도 그럴 때마다 필요한 물품을 생산하는 기업들을 찾아 후원을 요청해서 비슷한 어려움을 겪고 있는 사람들을 위해 후원받은 물품을 동 복지센터나 복지기관들을 통해 필요한 클라이언트에게 전달해 줄 수 있으면 좋겠다는 생각을 하고 기업에 후원을 요청해 본다.

기업에 후원을 요청하기 위해서는 우선 필요한 물품을 생산하는 곳을 온라인 쇼핑몰이나 인터넷 검색을 통해 찾아 리스트를 만든다. 다음은 후원 제안서와 기업체 체크리스트 그리고 상황별 응대 매뉴얼을 준비하고 후원 요청 공문을 발송한다. 마지막으로 공문 발송 후 1주일 정도 경과 후 생산업체에 전화하여 공문 수신을 확인하는 것이다.

기업의 후원 담당 직원과 전화를 통해 공문을 받아 봤는지 확인하는 것만 보통 3번의 전화 통화가 필요하다.

1차로 전화를 했을 때는 공문을 받지 못했다는 대답과 담당 부서가 아니라는 대답이 많다. 그러면 담당 부서와 담당자를 확인하고 공문을 다시 발송한다.

다시 공문 발송 후 3일 정도 경과 후 2차로 공문을 받았는지 전화를 하면 역시 대다수가 못 받았다고 한다. 그러면 바로 공문을 다시 보내겠다고 하고 재발송을 한다. 마지막으로 공문을 보내고 바로 또는 1시간 정도 경과한 후에 다시 공문을 받았는지 전화를 하면 그때는 대부분 공문을 받았다고 대답하면서 여러 가지 이유로 대부분 후원을 거절하지만, 일부 생산업체에서는 '검토해 보겠다.', '지금은 안 되고 한 달 후쯤 다시 연락 달라.' 등의 긍정적인 대답을 들을 수 있다.

그러면 검토 결과를 언제쯤 확인할 수 있는지, 한 달 후 언제쯤 연락을 하면 될지 정확한 날짜를 협의하고 전화를 끊는다. 그리고 약속한 날짜에 전화를 하면 대부분 후원이 연계될 수 있다.

필자의 경험으로는 100곳에 일방적으로 후원 요청 공문을 발송하고 전화를 통해 후원을 요청했을 때, 5곳 정도에서 후원을 해 주겠다는 긍정적인 대답을 들을 수 있었다. 누구나 처음부터 잘하는 사람은 없다. 반복해서 하다 보면 누구나 잘할 수 있는 것이다.

모금은 요청하는 것에서 시작해서 요청하는 것으로 끝나고 잠재적 후원자는 거절에서 시작한다.

거절은 사회복지사의 역량과 상관없이 나타나는 반응이기 때문에 두려워할 필요가 없다. 반복되는 거절을 모두 수용해 보면 몇 가지 유형으로 구분되는 것을 알 수 있다. 거절의 유형에 맞게 적절한 후원 요청 방법을 찾아가는 과정이 모금의 즐거움인 것 같다.

후원 요청, 언제 전화하면 좋을까?

하루 일과 중 가장 적합한 때는 오후 2시경이다.

후원을 요청하는 전화는 하루 일과 중

2시에서 4시 사이에 하는 것이 좋다.

낯선 기업에 전화해서 얼굴도 못 본 사람한테 후원을 요청하는 일은 상당히 부담스럽고 힘든 일이다. 그러나 기업의 후원 담당 직원도 한 번에 후원을 거절하는 것도 마찬가지로 부담이 가고 힘든 일일 것이다.

그렇지만 복지기관의 사회복지사로서 담당 클라이언트의 행복과 자립을 위해 후원을 요청하는 것은 멋진 일이라고 생각한다. 또한 기업에도 후원 참여를 통해 성장할 수 있는 기회를 제공하는 일이라고 생각하면 크게 부담되는 것도 아니다.

복지기관에서 필요로 하는 물품을 생산하거나 판매하는 기업의 리스트를 작성하고 일괄적으로 공문을 발송한 다음, 약 1주일 경과 후 해당 기업에 전화를 해서 후원을 요청하는 것은 〈표 11〉과 같이 기본적으로 4단계로 나눠지고 각 단계마다 대부분의 반응은 비슷하다.

먼저 1단계는 반갑게 인사하는 단계이다.

전화를 하는 시간은 오후 2시경이 가장 적합하다. 오전에 전화를 하면 하루 업무를 시작하면서 회의나 각종 업무로 바쁘기 때문에 후원 요청뿐 아니라 외부로부터 전화를 받는 것 자체가 불편하다. 4시 이후에는 계획한 하루 일을 마무리하기 위해 정신없이 바쁠 때다. 그렇기 때문에 오전과 오후 4시 이후에 전화를 하는 것은 바람직하지 않다.

직장인의 하루 일과 중 가장 한가로운 시간이 오후 2시이다. 점심 식사 후 나른하기도 하고 오전 업무를 마치고 오후 업무를 새롭게 준비하는 시간으로 이 시간에 전화를 하면 다른 시간대에 비해 상대적으로 오랫동안 대화를 할 수 있다. 많은 후원기업에 하루에 다 전화하겠다는 목표를 가지고 아침부터 퇴근 전까지 계속 전화하는 것은 거절을 요청하는 것과 같다.

두 번째는 복지기관에서 후원 요청을 위한 공문을 보냈는데 받았는지 확인하는 단계이다.

여러분이 근무하는 복지기관에도 팩스나 기관 이메일, 우편물 등을 통해 매일 다양한 단체에서 각종 공문이나 홍보물 등이 전달되어 오지만, 행정기관의 문서가 아니면 제대로 보지도 않고, 담당자에게 전달되지 않는 경우를 경험했을 것이다.

마찬가지로 생산업체나 판매업체는 행정시스템을 제대로 갖추지 못한 경우도 많고, 복지기관으로부터 받은 후원 요청 공문서를 중요하게 다루지 않는 경우가 많다. 그렇기 때문에 후원을 요청하는 공문서를 보내고 당연히 기업에서 공문서를 받았을 것이라고 기대하고 전화하는 것은 바람직하지 않다.

후원기업에 공문서를 보내고 기업의 후원 담당 직원이 받아 보기 위해서는 기본적으로 3번의 전화 통화가 필요하다. 첫 번째 전화했을 때는 100% '못 받았습니다.'라고 하면서 '다시 보내 주세요.'라고 한다.

그리고 두 번째 전화를 했을 때도 50%는 '못 받았습니다. 다시 보내 주세요.'라고 하고, 세 번째 전화를 했을 때도 30%는 '못 받았습니다. 다시 보내 주세요.'라고 한다. 마지막 세 번째 전화를 끊고 바로 재발송한 다음, 전화 통화를 하면 그때쯤 기업의 후원 담당 직원이 공문을 읽어 보게 되는 경우가 많다.

그렇게 2단계인 공문 수신 여부 확인 단계는 공문을 기업의 후원 담당 직원에게 정확하게 전달하는 단계이다. 15일에 걸쳐 약 3번의 전화 통화를 하는 과정에서 기업체 담당자는 〈표 11〉에서 보는 것처럼 '그게 뭐죠?', '어디시죠?', '글쎄요, 받은 게 없는데요.', '네, 봤습니다. 그렇지만 회사 사정상 쉽지 않겠습니다.' 등의 비참여적인 반응과 '어떻게 해드리면 될까요?'라는 협조적인 반응을 보인다.

세 번째는 후원 요청 단계이다.

복지기관의 신입 사회복지사도 자신이 근무하고 있는 복지기관의 역할과 기능에 대해 모르는 경우가 많다. 그런데 모금 담당 직원들이 기업이나 단체에 후원을 요청할 때 클라이언트의 사회문제와 후원 등의 내용을 어렵게 전달하면 기업이나 단체에서는 더더욱 이해하기 힘들 것이다.

후원을 요청할 때는 많은 것을 요청하는 것이 아니라 구체적으로 필요한 대상의 문제점과 현황 그리고 기업에 요구하는 수량, 금액을 구체적으로 요청하는 것이 좋다. 그러면 기업의 후원 담당 직원도 후원가능성 여부를 판단하기 쉽고 상사에게 후원 관련 내용을 보고하기 쉽다. 즉, 후원 요청은 기업의 후원 담당 직원과 직원이 기업의 대표에게 쉽게 보고할 수 있도록 명확하게 전달하는 것이 중요하다.

후원 요청 단계에서는 '후원할 수 없습니다.', '이미 후원하고 있습니다.'와 같이 비참여적인 반응과 '검토해 보겠습니다.', '후원하면 무슨 혜택이 있습니까?' 등 참여적인 반응들이 나타난다.

네 번째 마지막 마무리 단계이다.

후원을 요청했지만 후원을 해 주지 못하는 이유는 다양하다. 시기가 부적절 할 수도 있고, 복지기관에 신뢰에 대한 검토가 필요할 때도 있다. 그리고 절차적으로 불편할 수도 있어 일단 기업의 후원 담당 직원이 후원을 거절해도 적절하게 잘 대응하고 차기에 다시 연락할 수 있도록 관계를 잘 형성하는 것이 필요하다.

마지막 단계에서는 '지금은 어렵고 나중에 전화 주세요.'라는 반응과 '후원해 주겠습니다.'라는 참여 반응이 나타난다. 그러면 사회복지

사는 후원업체에 방문하거나 후원업체가 복지기관으로 방문하여 만
날 수 있는 일정을 약속하고 마무리하는 것이 좋다.

〈표 11〉 전화를 통한 후원 요청 단계

단계		반응
1단계	인사	복지기관을 소개한다.
2단계	공문 수신 확인	공문을 받지 못했습니다.
		어떻게 후원하면 될까요?
3단계	후원 요청	후원할 수 없습니다.
		이미 후원하고 있는 곳이 있습니다. 미안합니다.
		검토해 보겠습니다.
		후원하면 무슨 혜택이 있습니까?
4단계	마무리	후원업체 담당 직원의 전화번호를 확인한다.
		지금은 어렵지만 나중에 다시 전화 주세요.
		후원하겠습니다.

〈생각해 보기〉

반응에 따른 대응메세지를 작성해 보자.

단계		반응	대응메세지
1 단계	인사	복지기관을 소개한다.	
2 단계	공문 수신 확인	공문을 받지 못했습니다.	
		어떻게 후원하면 될까요?	
3 단계	후원 요청	후원할 수 없습니다.	
		이미 후원하고 있는 곳이 있습니다. 미안합니다.	
		검토해 보겠습니다.	
		후원하면 무슨 혜택이 있 습니까?	
4 단계	마 무 리	후원업체 담당 직원의 전 화번호를 확인한다.	
		지금은 어렵지만 나중에 다시 전화 주세요.	
		후원하겠습니다.	

23장

전화해서 무슨 말을 해야 하지?

후원 요청 전화를 할 때는 대응 매뉴얼을 만들어 가면서 해야 한다.

전화를 하는 것도 힘들지만 예측하지 못한 반응에 적절하게 응대하는 것도 어려움이 많다. 예를 들면 상대방이 '후원금을 좋은 데 사용하지 않는 것 아닙니까?'와 같이 부정적인 반응을 보일 경우 사회복지사가 분노하거나 상대방이 잘못 알고 있다고 생각하는 부분을 정확히 알려주려고 목적에서 벗어난 대화를 하게 돼 상대방의 부정적인 반응을 더 확대시키는 경우도 있고, 반대로 상대방의 적극적인 참여반응에 적절하게 대처하지 못해 신뢰를 잃는 경우도 있다.

후원 요청을 위해 전화를 걸기 전에 예측되는 질문과 상황을 미리 준비하고 복지기관 내 동료들과 모의연습을 해 보는 것이 바람직하다. 모의연습 중 나온 질문이나 반응에 적절한 대답을 정리한 후 전화를 하면 크게 도움이 될 것이다. 후원 요청 공문을 발송하고 전화를 하는 과정에서 나타나는 상대방의 반응은 다음과 같다.

먼저 공문을 받았는지 확인하는 과정에서는 '공문을 받은 게 없습니다.', '후원하면 우리에게 좋은 것이 있나요?', '공문은 받았지만 회사 사정상 후원하기 어렵습니다.', '네, 잘 받았습니다. 어떻게 도와드리면 될까요?' 등의 반응이 나타난다.

'공문을 받은 게 없습니다.'라고 대답한 곳은 공문을 다시 보낸 다음 전화해서 확인하면 '이미 후원하고 있는 곳이 있습니다.', '공문을 받았지만 후원할 수 없습니다.'라고 단호하게 거절하거나 '지금은 바쁘니까 나중에 전화 주세요', '검토해 보겠습니다.' 또는 '후원하면 무슨 혜택이 있습니까?', '후원하겠습니다.'라는 긍정적인 반응을 듣게 된다.

대부분 이와 같은 반응을 보이는데, 적절한 대답을 미리 준비해서 전화 통화를 하게 되면 크게 도움이 될 것이다. '공문을 받은 게 없습

니다.', '지금은 바쁘니깐 나중에 전화 주세요.', '검토해 보겠습니다.'
라고 할 때는 담당자의 이름과 연락처를 꼭 확인하고 담당자에게 직
접 공문을 보내거나 언제 다시 전화하면 좋은지 확인하고 다시 담당
자와 직접 통화하는 것이 필요하다.

'어떻게 도와드리면 될까요?'나 '후원하겠습니다.'라고 할 경우 방문
해서 담당자를 만날 수 있도록 일정을 잡고 약속한 날에 방문하여 직
접 만나 모금 사업에 대하여 설명해 주는 것이 좋다.

〈생각해 보기〉

후원 요청 공문을 발송하고 기업의 담당 직원과 전화 통화를 하는 과정에 예측되는 반응의 설득력 있는 대화법을 작성해 보자.

1. 후원하면 우리 기업에 좋은 게 무엇입니까?

2. 회사 사정상 후원하기 어려울 것 같습니다.

3. 이미 후원하고 있는 곳이 있습니다.

4. 지금은 통화하기 어려우니 나중에 전화 주세요.

24장

후원 요청을 위한 효과적인 메시지

· · · · · · ·

짧은 시간에 후원을 요청할 수 있는 핵심 메시지가 필요하다.

60초, 30초, 10초 메시지를 준비하자.

기업의 후원 담당 직원을 만나면 무슨 얘기를 어떻게 해야 할까? 이 것저것 많은 자료들을 모아 보기 좋게 정리하고, 나름 이미지 트레이 닝도 해 본다. 그리고 기업의 후원 담당 직원과 약속시간을 잡고 만나 려고 하는데 약속 시간 잡는 것이 쉽지가 않다. 기업의 후원 담당 직 원의 일정이 많아 오늘 내일 미뤄지고 또 다시 일정이 미뤄지는 경우 가 자주 발생한다.

만남 일정을 잡기 위해 전화하는 과정에서 기업의 후원 담당 직원이 '지금은 바쁘니까 다음에 제가 연락드리겠습니다.'라고 했을 때 사회복지사가 '연락을 기다리겠습니다.' 하고 전화를 끊어 버릴 경우 아마 다시는 연락이 오지는 않을 것이다.

항상 마감일을 정하고 대화를 마무리해야 한다. 전화 통화 중 '다음에 제가 연락드리겠습니다.'라고 하면, '네, 알겠습니다.'라고 하지 않고 '언제 다시 통화를 할 수 있을까요?'라고 마감일을 명확하게 해야 한다. 그리고 전화가 오지 않을 경우 사회복지사가 전화해서 다시 만남 일정을 잡을 수 있다.

만남 일정을 잡고 기업의 후원 담당 직원을 만나러 갔지만 그때도 후원 담당 직원은 업무가 많아서 제대로 대화를 할 수 없는 경우가 많다. 그런 상황에서 오랜 시간 동안 많은 이야기를 하려고 하면 기업의 후원 담당 직원은 많이 불편해 한다. 그래도 사회복지사는 복지기관을 잘 설명하려고 하지만 후원 담당 직원은 복지기관에 대해 잘 모르기 때문에 도무지 무슨 얘기를 하는 건지 제대로 알아들을 수 없다.

이럴 때 모금을 성공적으로 성사시키기 위해서 모금 담당자는 60초, 30초, 10초 핵심적인 메시지를 준비하면 좋다. 기업의 후원 담당 직원이 어느 정도 시간 여유가 있을 경우에는 천천히 후원을 요청하는 내용에 대해서 이야기할 수 있지만 그렇지 않은 경우가 대부분이다. 상황에 따라 핵심만 전달할 수 있는 후원 요청 메시지를 60초, 30초, 10초로 정리해서 만나야 한다.

〈표 12〉 60초 메시지 사례

주제	내용
복지기관 소개	우리 복지기관은 ○○시로부터 위탁 받아 ○○법인에서 운영하고 있는 기관입니다.
후원 요청 대상의 문제 및 현황	가정폭력으로 인해 가출한 청소년들의 생존형 절도가 늘어나고 있다는 뉴스를 보셨습니까?(언론이나 최근 뉴스에 근거하여 대화한다.) 우리 지역에도 가출 청소년의 생존형 절도가 매년 100%씩 증가하고 있다고 합니다.
후원 요청 내역	더 이상 청소년들이 생존을 위해 절도하는 일이 없도록 청소년들의 쉼터가 필요합니다. 청소년 쉼터를 만들기 위해 1억이면 충분합니다. 귀사에서 1억 원을 후원해 주시면 범죄 청소년들이 줄고 꿈꾸는 청소년들이 증가할 것입니다.
기업의 기대	청소년 쉼터는 귀사의 이름을 붙여 ○○기업이 만든 ○○청소년 쉼터로 하고 어려운 청소년들이 이 쉼터를 통해 멋지게 성장할 것입니다.

〈표 13〉 30초 메시지 사례

주제	내용
후원 요청 대상의 문제 및 현황	가정폭력으로 인해 가출한 청소년들의 생존형 절도가 늘어나고 있다는 뉴스를 보셨습니까?(언론이나 최근 뉴스에 근거하여 대화한다.) 우리 지역에도 가출 청소년의 생존형 절도가 매년 100%씩 증가하고 있다고 합니다.

후원 요청 내역	더 이상 청소년들이 생존을 위해 절도하는 일이 없도록 청소년들의 쉼터가 필요합니다. 청소년 쉼터를 만들기 위해 1억이면 충분합니다. 귀사에서 1억 원을 후원해 주시면 범죄 청소년들이 줄고 꿈꾸는 청소년들이 증가할 것입니다.

〈표 14〉 10초 메시지 사례

주제	내용
후원 요청 대상의 문제 및 현황	가정폭력으로 인해 가출한 청소년들의 생존형 절도가 늘어나고 있다는 뉴스를 보셨습니까?(언론이나 최근 뉴스에 근거하여 대화한다.)
후원 요청 내역	귀사(하)만이 해결할 수 있습니다.

　기업의 담당자와 어렵게 만남 약속을 해서 면담 장소에서 기다리고 있는데, 만나기로 한 기업의 후원 담당 직원이 약속시간에 늦게 나와 '지금 급하게 회의가 있어서 다음에 다시 연락드리겠습니다. 죄송합니다.'라고 하며 되돌아가는 경우가 있다. 그럴 때 의자에 앉지도 못하고 서서 인사만 하고 헤어져야 하는 상황에서 아주 간단하게 핵심(10초) 메시지를 말해야 추후 다시 일정을 잡아 모금을 성사시킬 수 있다.

〈생각해 보기〉

우리 복지기관이 위치한 지역은 농어촌 지역이라서 저소득 중고등학생들이 학원에 다니기에 많은 불편함이 있다. 집에서 EBS교육방송을 통해 공부할 수 있게 해 주고 싶은데 컴퓨터가 없다. 그래서 기업에 저소득 청소년들의 학습지원을 위한 컴퓨터 후원 요청을 했는데 기업의 후원 담당 직원이 오늘 만나자고 해서 약속장소에 나갔더니, 자리에 앉지도 않고 갑자기 급한 일이 생겨서 다음에 다시 만나자고 한다. 이때 나는 무슨 말로 후원 담당 직원이 후원할 수 있도록 핵심 메시지를 전달할 것인가?

1. 60초 메시지

2. 30초 메시지

3. 10초 메시지

25장

후원 금품은 어느 정도 요청해야 할까?

·
·
·
·
·
·
·
·

후원결정의 책임자를 만나기 위해서는

상대방의 규모에 맞게 요청해야 한다.

기업의 담당 직원이 책임지고 거절할 수 있는 규모가 아닌

기업의 임직원이 결정할 수 있는 규모를 요청해야 한다.

후원을 요청할 때는 얼마를 요청해야 할까? 어느 정도를 요청해야 하는지 고민이 많다. 예를 들어 노트북이 꼭 필요한 빈곤청소년을 위해 후원을 요청할 경우 10명의 청소년들에게 줄 수도 있지만 복지기관이 위치한 지역의 빈곤 가정 청소년은 수백 명이 될 수도 있다.

사회복지사의 입장에서는 최대한 많이 후원받아 전달해 줬으면 좋겠지만, 기업에서 후원할 수 있는 역량이 어느 정도인지 모르는 상황에서 사회복지사는 10명의 청소년에게 전달하기 위해 노트북 10대를 후원해 줄 것을 요청할 수도 있고, 100명을 위해 노트북 100대를 요청할 수도 있다.

복지기관에 근무하는 사회복지사들이 후원을 요청할 경우 특정 집단의 소규모 인원을 위한 일회성 지원 규모가 아닌, 특정 집단의 근본적인 문제 해결을 위한 총량적인 규모를 요청하라고 말한다.

복지기관의 모금을 담당하는 직원은 대부분이 신입 직원인 경우가 많고, 복지기관의 1년 예산 또한 규모가 크지 않은 경우가 많다. 그리고 복지기관에서 운영하는 프로그램 하나에 필요한 예산도 상대적으로 크지 않기 때문에 사회복지사가 후원을 요청할 때 프로그램을 운영할 수 있는 적은 규모의 후원을 요청하는 사례가 많다.

필자는 2010년도에 복지기관에서 봉사활동을 하는 기업의 임직원들과 만났을 때 기업에서 직원들이 영업을 위해 상사에게 보고 없이 한 달에 마음대로 사용할 수 있는 법인카드의 결제 금액이 5백만 원이라고 하는 얘기를 들었다.

그런데 복지기관의 사회복지사가 지역사회의 기업에 전화해서 후원을 요청하는 금액이 100만 원~500만 원 정도인 경우 기업의 후원 담당 직원이 얼마 되지 않는 금액이라고 생각하고 전화 통화 중 거절하는 사례가 많다. 후원을 요청해 본 많은 사회복지사들도 후원 요청 공문을 발송하고 후원을 요청하는 과정에서 많이 경험해 보았을 것이다.

> 사회복지사 : 안녕하세요, 행복복지기관인데요. 그저께 우리 기관
> 에서 공문서를 메일로 보냈는데 받아 보셨습니까?
> 후　원　자 : 아니요, 무슨 공문입니까?
> 사회복지사 : 네, 이번에 우리 복지기관에서 결식아동 캠프를 가는
> 데 300만 원을 후원해 주시면 감사하겠습니다.
> 후　원　자 : 좋은 일 하시는데, 우리 회사 사정이 어렵습니다. 죄
> 송합니다.

이렇게 대부분 담당자와 전화 통화하는 과정에서 거절 당한다. 그래서 필자가 일회성 지원 규모가 아닌, 특정 집단의 근본적인 문제 해결을 위한 총량적인 규모를 요청하라는 것은 기업의 후원 담당 직원이 후원을 할까 말까 결정하는 것이 아니라, 회사 최고 결정권자에게까지 후원 요청 공문이 전달되어 회사 단위에서 회의를 걸쳐 할까 말

까 결정할 수 있도록 하기 위해서다.

복지기관에서 근무할 때 필자는 사회복지기금 조성을 위해 일일호프를 했던 적이 있다. 대부분의 복지기관 사회복지사들은 일일호프를 할 때 5,000원에서 10,000원짜리 티켓을 5장에서 20장 정도 배당받고 판매해야 하는 스트레스가 많았다. 판매할 곳이 없어서 티켓을 복지기관에 근무하는 대학 동기들에게 한 장, 두 장씩 판매하고 친한 자원봉사자 분들에게도 한 장, 두 장씩 판매를 했다. 아마 복지기금 조성을 위한 일일호프는 젊은 사회복지사들한테는 스트레스가 많았던 경험일 것이다.

그런데 필자는 그렇게 친한 사람들에게 한 장, 두 장 티켓 구매를 부탁하지 않고 복지기금 조성을 위해 한 기업에게 10,000원짜리 티켓 1,000장을 구매해 줄 것을 요청했다.

사회복지사 : 우리 기관에서 이번에 독거노인 도시락 지원비 마련을 위해 일일호프를 합니다. 귀사에서 10,000원짜리 티켓 1,000장을 구매해 줬으면 좋겠습니다.

후　원　자 : 그렇군요. 근데 지금 결정할 순 없고요. 이번 주 임원 회의 때 논의해 보고 연락드리겠습니다.

사회복지사 : 네, 감사합니다. 그럼 언제 제가 결과를 알 수 있을까요?

후　　원　　자 : 다음 주 수요일 17일 날 전화 드리겠습니다.

사회복지사 : 감사합니다.

그리고 17일 날 전화가 왔다. '임원회의에서 충분히 논의를 했습니다. 이번에 회사 전체 직원들 회식을 그곳에서 하면 좋겠다고 했습니다. 그런데 구매는 300장만 구매해야 할 것 같습니다.' 그렇게 티켓을 300장 팔 수 있었다.

2008년쯤 또 다른 경험은 모 제과회사에 저소득 아동들의 큰 꿈을 위해 유럽 문화 체험 비용으로 8,000만 원 후원을 요청한 것이다. 마찬가지로 담당자는 임원회의에서 논의해야 할 것 같다고 말하고, 회의 결과를 알려주겠다고 했다.

요청하고 2주 후쯤 1차 임원회의가 있었지만 후원을 할 것인가 하지 않을 것인가 결정하지 못했고, 또 다시 2주 후 임원회의 안건으로 논의되어 최종적으로 8,000만 원을 후원하는 것은 어려운 것으로 결정되었다는 통보를 받았다. 그러나 복지기관에서 자기 회사의 생산품인 과자를 요청하면 언제든지 원하는 만큼 후원해 주겠다는 약속을 받았다.

복지기관의 경우 기업으로부터 많은 후원금을 받아 운영하고 있다고 생각하지만 기업은 매출액 대비 많은 돈을 후원하고 있지 않다. 2016년에서 2017년 신문을 보면 기업이 후원금으로 지출한 금액은 한국 기업인 경우 매출액 대비 0.1%에서 0.9% 정도 후원했고, 후원금이 공개된 외국계 기업 78곳은 매출액 대비 0.06%에 그쳤다.

후원을 요청할 때는 후원기업의 최고결정자들이 함께 생각하고 논의할 수 있어야 한다. 어느 조직이나 근속 연차에 따라 생각이 다르고, 직급에 따라 생각이 다르기 때문에 후원을 할 것인가 말 것인가 그리고 후원 규모와 방법에 대한 생각도 다르기 때문에 기업의 후원 담당 직원이 결정하는 것이 아니라 최고 의사결정자들이 결정할 수 있도록 하는 것이 필요하다.

사회복지사는 지역사회 내 도움이 필요한 클라이언트의 문제 해결을 위한 총량적인 예산 규모를 산출해서 클라이언트의 문제가 충족될 수 있는 후원 금액을 기업에 요청해서 매년 기업이 지속적으로 후원할 수 있도록 요청하는 것이 필요하다.

26장

거절하는 잠재적 후원자와
어떻게 대화를 할까?

············

소통하지 않지 않은 사람은 진짜로 거절하는 것이고

소통하며 거절하는 사람은 관심이 많았던 사람들이다.

거절하는 사람과 최고의 소통은 경청이다.

함께 일하는 동료가 기업에 방문해서 후원을 요청했다. 면담한 기업 대표는 당시 뉴스에서 어느 복지시설에서 장애인들에게 노역을 시키고 임금을 횡령하는 소식을 듣고 당신 기관도 그런 곳 아니냐, 후원금 모아서 엉뚱한 짓 하는 것 아니냐며 화를 냈다. 그러나 후원 요청을 위해 방문한 담당 사회복지사는 기업 대표가 말하는 것에 변명하거나 이해시키려고 설명하지 않고 묵묵히 경청하고 왔다. 그리고 한 달 쯤 지난 뒤 방문 기업 대표는 우리 복지기관에 연락해서 후원해 주기로 했다.

　기업의 후원 담당 직원과 만날 때는 기업이 후원하고 싶은 경우이다. 그러나 면담을 통해 최종적으로 신뢰할 수 있는 기관인지 확인하는 경우가 많다. 기업의 후원 담당 직원을 만날 때는 무슨 말을 어떻게 해야 할까 두려움이 커서 많은 것을 준비하고 면담 시 준비한 많은 것을 보여 주려고 하는 바람에 후원자가 관심 있는 후원내용과 방법에 관한 이야기는 전혀 듣지 못하고 일방적으로 설명하다 보면, 설명하는 도중에 '방문해 주셔서 감사합니다. 그러나 제가 지금 급한 일이 있어서 다음에 다시 한번 뵙겠습니다.'라는 말을 듣게 될 것이다.

　또는 잠재적 후원자가 방문 면담을 요청하여 위와 같이 복지기관의 신뢰를 확인하고 싶은 마음에 후원 관련 부정적인 뉴스를 이야기를 하는데, '우리 복지기관은 안 그렇습니다. 우리 복지기관은 투명하게 운영하고 있습니다.'라고 변명하듯 답하면 오히려 잠재적 후원자에게 신뢰를 주지 못해 '지금 급한 회의가 있어서 다음에 다시 한번 뵙겠습니다.'라는 말을 듣게 된다.

　사회복지사가 후원자를 만날 때 최고의 전략은 경청이다. 그리고 준비해야 할 것은 후원 요청의 필요성과 현황, 후원 전달방법, 후원금품 사용계획이면 충분하다. 그리고 적극적으로 경청하면 된다. 적극적 경청의 구성요소는 몰입, 입장 전환, 수용, 완전성 4가지로 구성되어 있다.

먼저 몰입(intensity)은 생각의 속도가 말하는 속도보다 4배 빠르다. 모금에 실패하는 사회복지사는 잠재적 후원자가 말할 때 다음에 자신이 준비한 메시지를 전달하려고 생각하고 있다. 그러나 모금에 성공하는 사회복지사는 상대방의 말이나 기분 등을 관찰하고 의도를 이해하는 데 집중한다.

두 번째는 입장 전환(empathy)이다. 대한민국의 국민기초생활보장 수급자는 평균 4% 정도이다. 4%의 사람들이 국가로부터 생계 급여를 받아 생활하고 있다. 나머지 96%는 생계 급여를 받지 않고 생활한다. 96%의 모든 사람들이 4%의 어려운 사람들을 응원하고 있지 않을 것이다.

사회복지사는 우선적으로 4%의 어려운 사람을 위해 일하고, 일상에서 자주 만나면서 4%의 사람을 옹호하고 대변하려고 한다. 그래서 가끔은 4%의 사람을 부정적으로 생각하는 후원자를 만날 때 대립하는 경우가 있다. 모금에 성공하는 사회복지사는 잠재적 후원자의 입장에서 후원자가 말하고자 하는 것을 이해하려고 노력해야 한다.

세 번째는 수용(acceptance)이다. 잠재적 후원자가 말하려는 내용을 판단하려 하지 말고 수용하는 노력이 필요하다.

가끔 중학교 여학생들이 두 명씩 짝이 되어 서로 공을 주고받는 모습을 보면, 공을 잘 받지 못하는 학생은 상대방이 공을 던질 때 손을 뻗어 공을 받으려고 해서 공이 튕겨 나가 버리고 반면에 공을 잘 받는 학생은 상대방이 공을 던지면 공을 가슴으로 품어 받고 다시 손을 뻗어 던지자 더 멀리 공이 날아가는 것을 볼 수 있다. 대화도 이와 같이 나의 주장을 확실하게 전달하려면 상대방의 말을 가슴으로 수용해주고 다시 나의 메시지를 던져 주어야 한다.

마지막으로 완전성(completeness)이다. 2010년쯤 스마트폰 보급이 활성화 되면서 세대 간의 언어도 많은 변화를 보이고 있다. 초기에는 '방가(반가워)'와 같이 말 줄임으로 시작해서 'ㅂㄱ(방가)'처럼 초성으로만 대화하는 세대가 증가하고 있다.

완전성은 상대방의 뜻과 감정을 완전히 이해하고자 노력하는 것이다. 후원자와 대화 중 이해가 되지 않는 말은 질문해서 이해하는 노력이 필요하다.

경청에서 청은 한자로 '聽'(들을 청)이라고 쓰는데, 한자를 풀어쓰면 '耳 + 王 + 十 + 目 + 一 + 心' 자로 구성되어 있다. 즉 듣는 것은 왕에게 귀를 기울이고 열 개의 눈으로 보고 하나의 마음으로 듣는 것이라는 뜻이다.

모금을 가장 잘하는 방법은 가장 잘 듣는 것이다. 후원자를 만날 때 왕에게 귀를 기울이고 열 개의 눈으로 보고 하나의 마음으로 듣듯이 들으면 사회복지사가 요청한 규모보다 더 큰 규모의 모금을 할 수도 있을 것이다.

27장

NO를 YES로 바꾸는 대화 요령

공을 주고받듯이 우선 상대방의 메시지를 인정하고 수용하라.

공은 몸으로 품으면서 받았을 때 더 멀리 던질 수 있다.

보험회사에 다니는 친구가 있다. 그 친구는 평소 알고 있는 친구들이나 소개받은 사람들에게 전화를 걸어 보험 상품을 판매하는데 하루에 1건의 보험 계약을 성사시키기 위해서 보통 100곳에 전화를 한다고 한다.

당연히 전화를 할 때는 계약이 성사될 것이라고 생각하고 전화를 하지 않는다. 계약이 안 되는 것이 당연하다. 본 적도 없는 사람이 전화해서 보이지도 않는 상품을 판매하는데 누가 쉽게 그 상품을 구매할 수 있을까. 그러나 어느 정도 상대방과 전화 통화를 하게 되면 판매할 가능성은 높아진다.

그것이 가능한 것은 'NO'를 'YES'로 변화시킬 수 있는 경험이 있기 때문이다. 후원자에게 후원을 요청했을 때 대부분 3가지 대답을 들을 수 있다. '예', '글쎄요', '아니요'라는 대답이다.

먼저 '예, 후원하겠습니다.'라고 대답하는 경우는 '감사합니다.' 하고 인사하고 후원하는 방법이나 서로 만날 수 있는 구체적인 일정을 잡아 후원할 수 있도록 하면 된다.

두 번째 '글쎄요'라는 경우는 하고 싶기도 한데 여러 가지 고민이 많은 경우이다. 그렇기 때문에 직접 만날 수 있는 일정을 협의하여 후원자와 만나 대면하면서 후원을 요청하면 후원할 가능성이 높아진다.

마지막으로 '아니요'라는 대답은 잠재적 후원자로서 언젠가는 복지기관에 후원할 사람으로 예우를 갖춰서 상대해야 한다. '아니요'라고 대답하는 경우는 시기적으로 부적절하거나, 후원금액이 부적절하거나, 후원대상이나 사업이 부적절한 경우가 많다. 정중하게 '전화를 받아 주셔서 감사합니다. 지금은 바쁘신 것 같은데 제가 나중에 다시 한 번 전화 드리도록 하겠습니다.'라고 하면서 통화를 마무리해야 한다. 그리고 후원자 관리 리스트에 잘 기록해 놓고 3개월이 지나기 전에 다시 한번 후원을 요청하면 좀 더 원활한 대화를 하게 되고, 후원해 줄 가능성이 높아진다.

3개월 후에 재요청을 하면 3개월 전과는 상황이 바뀌고, 후원에 관하여 생각할 시간도 충분히 있었기 때문에 '후원해 주겠습니다.'라고 긍정적인 반응을 보여 주시는 분도 있지만, '아니요, 후원하지 않겠습니다.'라고 하며 전화를 끊는 것이 아니라, 전화를 끊지 않고 오랫동안 부정적인 대화를 많이 하는 사람들이 있다. 이럴 때 후원을 요청한 사회복지사는 그냥 전화를 끊어 버릴 수도 없고 많이 난감한 경험을 하게 된다.

그냥 전화를 끊는 사람은 후원할 의사가 없는 사람이지만, 부정적인 말을 많이 하는 사람은 후원에 관심이 많은 사람들이다. 향후 후원할 가능성이 많은 사람이기 때문에 정중하게 잘 대응해야 한다.

'No의 의미를 잘 파악하라'는 『모금마케팅칼럼』(정무성. 2006)에서는 이와 같이 나타나는 세 가지 반응의 대답에서 '글쎄요'와 '아니요'의 대화방법은 아래 3가지 중 하나를 적절하게 사용할 것을 제시한다.

첫 번째, '예, 그러나…'이다.

상대방이 복지기관에 불신을 갖고 많은 불만을 표현하는 경우, '그게 아니고요, 선생님이 잘못 알고 계신 것 같은데요.', '아니요, 다 그렇지 않아요.'와 같이 바로 부정해 버리면 불만을 더 확대시키는 것이다. '네, 선생님 말씀을 이해합니다. 잠깐 저의 생각도 들어주시면 감사하겠습니다.'라고 하며 후원해야 하는 이유를 잘 제시하는 것이 좋다.

불만이 많은 사람은 관심이 많은 사람일 수 있다. 불만에 대한 의견을 존중하고, 정면에서 논쟁하여 종결되지 않도록 하는 것이 좋다.

두 번째는 '예, 그러므로…'이다.

'예, 그러나'와 비슷한데 '예, 그러므로'는 거절을 인정하고 상대방에게 후원해 줄 것을 적극적으로 생각하도록 하는 것이다. 예를 들면 자동차가 고장 나서 차량수리를 맡겼는데 수리비가 많이 나와서 그냥 수리하지 않고 온 경험이 있을 것이다.

그럴 경우 너무 비싸서 자동차를 수리할 수 없겠습니다. '다음에 하겠습니다.'라고 말하는 고객에게 '네, 수리비가 부담되실 것입니다. 그러므로 지금 수리하지 않으면 더 큰 비용이 지출될 수 있습니다.'라고 말하며 안전하게 수리할 수 있도록 도와주는 것이다.

기업에 후원을 요청할 때 '지금은 경기가 좋지 않아서 후원하기 어렵습니다.'라는 반응을 많이 접하게 된다. 그럴 때 '네, 그렇군요. 많이 어려우시군요. 그러므로 회사 내 직원들과 함께 자원봉사도 하고 후원도 하는 것이 좋을 것 같습니다. 자원봉사와 후원을 하게 되면 직원들의 팀워크에도 도움이 되고 생산성 향상에도 도움이 된다고 합니다. 그리고 자녀들이 부모가 다니는 회사가 지역 신문에 기사로 나온 것을 보면 직원의 자긍심도 높아지는 것 같습니다. 그러므로 지금 직원들과 함께 후원에 참여해 보면 크게 도움이 될 것 같습니다.'와 같이 후원하지 않는 이유를 후원하는 이유로 바꾸는 것이다.

세 번째는 '그러면 한 번 더…'이다.
'그러면 한 번 더'의 대화방법은 마이너스 요인을 플러스 요인으로 바꿔 주는 것이다.

사람들이 주거할 집을 구매할 때 남편은 시골 같은 분위기의 좋은 집을 원하는데 부인은 교통이 편리한 지하철 인근 역세권을 선호한다. 한정된 예산으로 집을 구하는데 역세권은 17평짜리 아파트를 구매할 수 있고, 역세권에서 벗어나면 30평짜리 아파트를 구매할 수 있다. 만약 남편이 부인을 설득해서 30평짜리를 구매하고 싶다면 '역세권에서 멀리 떨어져 있어서 교통이 불편한 점이 있지만 역세권을 벗어나면 공기도 좋고, 많이 조용해서 퇴근 후 휴식을 갖는데도 좋을 것 같아. 그리고 좀 더 넓은 집에 주거하면 답답함도 없을 것 같고, 무엇보다도 30평짜리 아파트로 이사하려는 곳에 다양한 개발로 인해 집값도 많이 상승할 것 같아.'와 같이 도움이 되는 더 많은 중요한 이유를 알려주는 것이다.

지금 후원하는 것이 적합한가를 고민하고 알고 싶은 사람에 가장 효과적인 대화방법이다. 예를 들면 기업에 전화를 하거나 직접 만나서 후원을 요청하면 많이 듣는 이야기가 '후원해 주면 여기저기 많은 복지기관에서 후원을 해 달라고 하니 귀찮아서 우리 회사는 후원을 다 안 하기로 했습니다.'라는 것이다. 그럴 때 다음과 같이 말할 수 있을 것이다.

그럼 앞으로도 계속 후원해 달라고 전화가 오거나 방문하여 요청하는 일이 계속 발생할 텐데 많이 불편하시겠습니다. 그러니 이번 기회에 우리 복지기관에 후원하시면서 후원협약서를 작성하시는 게 어떻겠습니까. 그러면 다른 복지기관에서 후원을 요청할 때도 '우리 회사는 이미 복지기관에 후원하고 있습니다.'라고 하시면 후원을 안 하는 이유를 굳이 매번 설명하실 필요도 없고, 화를 내거나 짜증을 내실 일도 없을 것입니다.

그리고 후원을 하시면 직원들의 팀워크와 회사에 대한 만족도도 향상되어 생산성에도 도움이 되고 지역사회 내 기업의 이미지 향상에도 도움이 될 것입니다.

이와 같이 후원자가 생각하는 불편한 이유의 해결방안을 제시하고 후원했을 때 도움이 되는 더 많은 이유를 제시함으로써 다시 한번 생각하고 후원할 수 있도록 하는 것이다.

〈생각해 보기〉

오늘은 복지기관 주변 상가를 방문해서 모금함을 설치하려고 한다. 그런데 상가의 계산대가 좁아서 모금함을 놓을 곳이 없다고 하면서 거절하는 경우가 많다는 얘기를 들었다.
어떻게 거절을 YES로 바꿀 수 있을까? 예상되는 거절 사유와 적절하게 대처할 수 있는 대화를 작성해 보자.

• 예측되는 모금함 설치를 거절하는 이유들

1유형.

2유형.

3유형.

• 예측되는 거절 유형을 YES로 바꿀 수 있는 대화방법

1유형.

2유형.

3유형.

28장

후원 회원가입을 요청할 때
무슨 말을 할까?

CMS 후원회원 모집을 위해 가난을 상품화해서는 안 된다.

모금은 누군가를 위해서 하는 것이 아니다.

모금은 후원하는 후원자 자신을 위해서 하는 것이다.

CMS 후원회원 모집은 복지기관에 근무하면서 가장 크게 받는 스트레스 중 하나일 것이다. 아직 복지기관 업무도 제대로 파악하지 못했는데 안정적인 복지사업을 위해 비자발적으로 CMS 후원회원 모집의 필요성을 공유하고 매월 직급별 후원 회원 모집인원을 배분받아 힘들게 회원가입 신청서를 받으려 한다. 처음에는 자신의 이름으로 가입신청서를 작성하고, 다음 달에는 부모님 이름으로 신청서를 작성하고, 그 다음에는 형제들, 그리고 친구들에게 후원회원 가입신청을 부탁한다.

복지기관 차원에서 단체로 하는 모금행사는 CMS 후원회원 모집에 비하면 너무 쉽다. 복지기관 선배들이 기획하고 공동의 목표를 가지고 함께 행동하기 때문에 누군가 어려우면 모두들 적극적으로 도와서 공동의 목표를 달성하기 때문이다.

그러나 CMS 후원회원 모집은 개별적으로 활동하고 개별적으로 평가하는 복지기관도 있다. CMS 후원회원 모집을 위해 복지기관 차원에서 직원 모두가 함께 캠페인을 통해 전략적으로 모금을 하는 경우도 있지만 특성상 사회복지사가 잠재적 후원자와 직접 1:1로 개별적으로 상대를 해야 한다.

어떻게 해야 할까? 지나가는 사람을 붙잡고 '우리 지역의 가난한 결식아동들을 위해 후원해 주세요.'라고 부탁을 해야 할까, '독거노인들이 차가운 방에서 홀로 죽어 가고 있습니다. 제발 도와주세요.'라고 사정을 해야 할까?

그러나 부탁하거나 사정하는 것은 바람직하지 않다. 더구나 복지기관에서는 가난한 사람과 부자가 함께 살아가는 세상, 사회 소수자와 사회적 약자가 지역사회 내에서 함께 살아가는 마을을 만들어야 하는데 CMS 후원회원 모집을 위해 가난한 사람들을 동정의 대상으로 만들거나, 가난을 상품화해서 판매하는 것 같은 행동은 바람직하지 못하다.

함께 사는 세상을 만들어야 하는데 사회복지사의 모금활동이 가난한 사람과 사회적 약자들이 누군가의 동정의 대상이 되게 할 수도 있다고 생각한다. 평등한 세상, 공평한 세상을 만들기 위해 다양한 인식개선 운동을 하는 복지기관이 모금 활동으로 인해 사람들에게 부정적인 인식을 심어 줄 수도 있다.

모금은 누군가를 위해서 하는 것이 아니다.
모금은 후원하는 후원자 자신을 위해서 하는 것이다.
후원하는 사람이 좀 더 만족한 삶을 살 수 있도록 하고 사회에 참여할 수 있는 기회를 제공하는 것이다.

1988년 하버드대학에서 한 실험으로 실험 대상자들에게 마더 테레사 수녀님의 활동 영상을 보여 준 다음 나타나는 변화를 측정했더니 면역항체 수치의 변화가 생겨 스트레스 지수가 줄어들었다. 이 실험의 결과를 마더 테레사 효과라고 한다. 봉사활동을 하거나 봉사활동 하는 모습을 보기만 해도 면역 기능이 높아진다는 것이다.

후원을 요청할 때는 잠재적 후원자인 자기 자신을 위해서 CMS 후원회원에 가입하라고 제안을 하는 것이다. '도와주세요.'라는 요청보다는 '참여해 보세요.'라는 제안의 메시지로 요청하는 것이다.

예를 들면, '요즘 많이 아프시죠? 후원회원에 가입하면 면역력이 좋아진다고 합니다.', '자녀분이 요즘 많이 힘드시죠? 후원회원에 가입하면 스트레스가 많이 줄어든다고 합니다.', '입시나 취업 준비 중인 자녀 분 있으시죠? 자녀 이름으로 후원회원에 가입하세요.'와 같이 가난한 사람을 위해서가 아니라 자신이나 가족을 위해서 CMS 후원회원에 가입하라고 제안해 보자.

〈생각해 보기〉

오늘은 다양한 사람을 만나서 후원에 참여할 수 있도록 안내해서 CMS 후원회원 가입 신청서를 작성할 수 있도록 한다.
어떤 대화로 참여의 기회를 줄 것인가?

1유형. 30대의 직장인

2유형. 40대의 직장인

3유형. 50대의 직장인

4유형. 60대 이상의 은퇴하신 분

사회복지사의 모금 NO를 YES로

한번 후원자는
영원한 후원자

29장

자원봉사자를 협력자로 만드는
문자메시지

⋮

오늘 자원봉사를 마치고 복지기관을 떠난 분들에게

꼭 감사의 문자메시지를 보내자.

문자메시지는 자원봉사 참여 동기에 맞게 보내야 한다.

    지금 근무하고 있는 지역에서 태어나서 지역에 있는 중·고등학교를 다닌 사회복지사는 많지 않다. 그리고 생활거주지가 아닌 경우도 있다. 그렇게 타 지역에서 지역주민의 참여와 연대를 통해 사회복지를 실천하고 모금활동을 통해 클라이언트의 자립을 지원하는 것은 쉽지 않다. 그렇다고 부족한 예산으로 한정된 클라이언트에게만 복지서비스를 제공하는 것도 만족하지 못했을 것이다. 그렇기 때문에 자원봉사자 관리를 통해서 자원봉사자에 의해 자원봉사자를 소개받고 후원업체를 소개받아 효과적인 복지서비스를 제공하는 것이 필요하다고 생각한다.

자원봉사자의 참여를 지속시키고 협력자로 만드는 가장 좋은 방법은 자원봉사자가 봉사활동을 마치고 집으로 돌아갈 때 오늘 봉사활동에 대해 감사의 문자메시지를 보내는 것이다. 감사 문자메시지도 획일적으로 보내는 것이 아니라 자원봉사자의 참여 동기에 맞게 〈표 15〉와 같이 맞춤형으로 보내는 것이 필요하다.

〈표 15〉 자원봉사 참여 동기 5가지 유형과 문자메시지 샘플

참여 동기	문자메시지
상부상조적 동기	• 봉사자님께서 봉사활동을 통해 행복해진 만큼 클라이언트도 매우 행복한 하루였습니다. 감사합니다. • 오늘 봉사활동은 모두가 행복하고 성장할 수 있는 시간이었습니다. 감사합니다.
종교적 동기	• 하느님의 말씀을 우리 기관에서 실천해 주셔서 감사합니다. • 봉사자님의 참사랑과 행복한 손길 감사합니다.
자기 성장적 동기	• 봉사자님의 참여로 다른 봉사자님들도 기분 좋은 하루였을 것입니다. 감사합니다.
직업적 동기	• 이번 봉사활동이 업무 역량을 높이는 데 도움이 된 것 같아 너무 좋습니다. • 봉사자님의 전문기술을 통한 봉사활동 정말 훌륭했습니다. 감사합니다.
강제 참여적 동기	• 봉사활동하시면서 즐거워하는 모습을 보게 되어 감사합니다. • 원하는 활동은 아니었지만 따뜻한 도움의 손길을 주셔서 감사합니다.

〈생각해 보기〉

우리 복지기관에서 오늘 자원봉사 활동을 마치고 돌아가시는 자원봉사자 분들에게 오늘의 봉사활동하기를 정말 잘했구나 생각할 수 있게 감사의 문자메시지를 보내 보자.

1유형. 상부상조적 동기로 참여한 자원봉사자

2유형. 종교적 동기로 참여한 자원봉사자

3유형. 자기 성장적 동기로 참여한 자원봉사자

4유형. 직업적 동기로 참여한 자원봉사자

5유형. 강제 참여적 동기로 참여한 자원봉사자

30장

언제나 똑같은 감사편지,
이제는 바꾸고 싶다

⋮

형식적이고 획일적인 감사의 편지는 더 이상 안 된다.

'후원금액 × 후원 횟수 × 후원기간 = 후원자 유형'

후원자 유형을 세부화해서 후원자 유형에 맞는

맞춤형 감사편지를 작성해야 한다.

　　필자가 근무하고 있는 복지기관에서는 매일 아침 9시 아침조회를 한
다. 각 담당자별로 오늘 할 일을 공유하고 사업이 중복되지 않고 공간
사용이 중복되거나 충돌되는 일이 없도록 하는 가벼운 조회이다. 오늘
조회시간에는 모금 담당 사회복지사가 지난 1년 동안 후원해 주신 분
들에게 후원금 납입 증명서와 함께 감사편지를 써서 보낸다고 한다.

사회복지 실천 현장에서 오랫동안 일을 했지만 후원자에게 보내는 감사편지는 언제나 똑같다. 오늘 모금 담당 사회복지사에게 '감사의 편지를 어떤 내용으로 보낼 건가요?' 하고 물어보니, 당연하게 작년에 보낸 것이 있다면서 작년에 보냈던 내용을 그대로 보내겠다고 한다.

매년 똑같은 한 가지 유형의 감사편지를 보내고 또 앞으로 1년 동안 신규 후원자를 찾기 위해 노력할 것이다. 복지기관의 모금 담당 사회복지사들은 그렇게 복지기관에서 계속 해 왔던 것을 반복해서 사용하고 있다.

후원자가 후원금 납입을 중도에 포기하지 않기 바라고 일정한 규모의 후원금으로 소외된 이웃이 행복할 수 있도록 도와주고 싶다면 후원자에게 보내는 감사편지를 새롭게 작성해 보는 게 좋다.

연애편지를 쓸 때 연인의 외모, 취향, 특기 등 스타일에 맞게 생각하면서 편지를 써 봤을 것이다. 그리고 누구나 편지를 쓸 때는 상대방이 편지를 받았을 때 감동받거나 좋아하길 원하면서 작성할 것이다. 후원자에게 보내는 감사의 편지도 그렇게 쓰면 된다.

후원자의 유형에 맞게 세분화해서 유형에 적합한 다양한 감사편지

를 준비해야 한다. 후원자 유형을 세분화하는 방법으로 국제공인모금전문가 비케이 안은『비영리단체 모금전략』이라는 저서에서 얼마만큼 기부하는가, 얼마나 자주 기부하는가 그리고 언제 마지막으로 기부했는가 3가지를 조합하여 기부자 관리를 할 것을 제안하고 있다.

그러나 필자는 사회복지 실천 현장은 중도탈락자보다 지속적으로 기부하는 사람들이 많기 때문에 후원기간에 따라 유형을 구분하여 지속적인 동기부여가 필요하다고 생각해서 금액, 빈도, 기간으로 구분해 보았다.

기관의 규모에 따라 차이는 있지만 보통 종합사회복지관이나 보육원등 규모가 큰 사회복지시설이라면 〈표 16〉과 같이 금액, 빈도, 기간을 각각 상, 중, 하 3가지 집단으로 구분하고 후원을 중도 포기한 집단은 일괄적으로 하나의 집단으로 구분하는 것이 좋다.

〈표 16〉 후원자 유형 분류 사례

구분	금액	빈도(후원)	기간	비고
상	100,000원 이상	매월 후원	5년 이상	
중	5~100,000원	분기 후원	3년 이상	타입A
하	1~50,000원	1년 1회 후원	1년 이상	
포기			중도 포기	타입B

금액, 빈도, 기간의 내용은 각 복지기관의 후원규모에 맞게 적절하게 나누면 된다. 예를 들면 금액은 10,000원 이하, 20,000원 이하, 50,000원 이상으로 구분할 수도 있고, 10,000원 이하와 10,000원 이상 2가지 유형으로 구분할 수도 있다. 빈도와 기간도 사회복지시설의 규모와 후원자의 특성을 파악하여 임의적으로 구분하는 것이다.

〈표 16〉과 같이 상, 중, 하 3가지 유형으로 구분하게 되면 금액(3가지 유형) × 빈도(3가지 유형) × 기간(3가지 유형) = 27가지 유형으로 분류할 수 있다.

그렇기 때문에 〈표 17〉과 같이 27가지의 유형에 적절한 감사편지를 작성해서 보내는 것이 바람직하다. 물론 감사편지를 보낼 때마다 작성하는 것이 아니라 27가지 유형에 맞는 편지를 〈표 18〉과 같이 미리 작성해서 감사편지를 보낼 때마다 유형에 맞는 편지 내용을 찾아 조합하여 보내는 것이다.

〈표 17〉 27가지 후원자 유형 사례

유형	금액	빈도	기간
유형1	상(100,000원 이상)	상(매월 후원)	상(5년 이상)
유형2	상(100,000원 이상)	상(매월 후원)	중(3년 이상)
유형3	상(100,000원 이상)	상(매월 후원)	하(1년 이상)
유형4	상(100,000원 이상)	중(분기 후원)	상(5년 이상)
유형5	상(100,000원 이상)	중(분기 후원)	중(3년 이상)
유형6	상(100,000원 이상)	중(분기 후원)	하(1년 이상)
유형7	상(100,000원 이상)	하(1년 1회 후원)	상(5년 이상)
유형8	상(100,000원 이상)	하(1년 1회 후원)	중(3년 이상)
유형9	상(100,000원 이상)	하(1년 1회 후원)	하(1년 이상)
유형10	중(5~100,000원)	상(매월 후원)	상(5년 이상)
유형11	중(5~100,000원)	상(매월 후원)	중(3년 이상)
유형12	중(5~100,000원)	상(매월 후원)	하(1년 이상)
유형13	중(5~100,000원)	중(분기 후원)	상(5년 이상)
유형14	중(5~100,000원)	중(분기 후원)	중(3년 이상)
유형15	중(5~100,000원)	중(분기 후원)	하(1년 이상)
유형16	중(5~100,000원)	하(1년 1회 후원)	상(5년 이상)
유형17	중(5~100,000원)	하(1년 1회 후원)	중(3년 이상)
유형18	중(5~100,000원)	하(1년 1회 후원)	하(1년 이상)
유형19	하(1~50,000원)	상(매월 후원)	상(5년 이상)
유형20	하(1~50,000원)	상(매월 후원)	중(3년 이상)
유형21	하(1~50,000원)	상(매월 후원)	하(1년 이상)
유형22	하(1~50,000원)	중(분기 후원)	상(5년 이상)
유형23	하(1~50,000원)	중(분기 후원)	중(3년 이상)
유형24	하(1~50,000원)	중(분기 후원)	하(1년 이상)
유형25	하(1~50,000원)	하(1년 1회 후원)	상(5년 이상)
유형26	하(1~50,000원)	하(1년 1회 후원)	중(3년 이상)
유형27	하(1~50,000원)	하(1년 1회 후원)	하(1년 이상)

<표 18> 27가지 후원자 유형의 감사편지 작성 요령

유형	금액	빈도	기간
유형1	상(100,000원 이상)	상(매월 후원)	상(5년 이상)
기본적인 메시지	많은 금액을 후원해 주셔서 감사합니다.	매월 지속적으로 후원해 주셔서 감사합니다.	5년 이상 오랜 기간 동안 후원해 주셔서 감사합니다.
감사 편지 사례	5년 이상 오랫동안 어려운 이웃을 위해 많은 금액을 매월 지속적으로 후원해 주셔서 감사합니다. 소외된 사람들이 후원자님 덕분에 큰 힘이 되고 있습니다.		
유형2	상(100,000원 이상)	상(매월 후원)	중(3년 이상)
기본적인 메시지	많은 금액을 후원해 주셔서 감사합니다.	매월 지속적으로 후원해 주셔서 감사합니다.	3년 이상 후원해 주셔서 감사합니다.
감사 편지 사례	3년 이상 어려운 이웃을 위해 많은 금액을 매월 지속적으로 후원해 주셔서 감사합니다. 소외된 사람들이 후원자님 덕분에 큰 힘이 되고 있습니다. 올해도 지속적인 관심을 부탁드립니다.		
유형3	상(100,000원 이상)	상(매월 후원)	하(1년 이상)
기본적인 메시지	많은 금액을 후원해 주셔서 감사합니다.	매월 지속적으로 후원해 주셔서 감사합니다.	1년 동안 후원해 주셔서 감사합니다.
감사 편지 사례	지난 1년 동안 어려운 이웃을 위해 많은 금액을 매월 지속적으로 후원해 주셔서 감사합니다. 소외된 사람들이 후원자님 덕분에 큰 힘이 되고 있습니다. 올해도 지속적인 관심을 부탁드립니다.		

<표 18>과 같이 감사의 편지 내용은 각 복지기관에서 적합하게 작성해 놓고 모금 담당 사회복지사가 연말이나 상황에 따라 유형에 맞는 감사편지를 조합하여 보내는 것이 바람직하다. 위와 같이 유형에 맞게 적합한 감사편지를 보내면서 후원자의 지속적인 동기부여를 통해 후원 유지와 신규 후원자 추천을 통한 후원자 증원을 기대할 수 있다.

마지막으로 후원자의 유형을 크게 A 타입과 B 타입으로 분류하였는데 A 타입의 유형은 현재 후원을 하고 있는 상황이고, B 타입의 유형은 후원을 중단한 상태이다.

A 타입의 유형은 복지기관 사회복지사들이 감사의 편지를 쓰고 있으나, 중도 포기한 B 타입의 경우 복지기관 후원자 관리데이터에서 그냥 삭제하거나 감사편지를 보내지 않는다. A 타입의 경우 정기적으로 좀 더 많은 액수를 지속적으로 할 수 있도록 하는 것이 중요하며, B 타입의 경우는 다시 후원할 수 있도록 해야 한다. B 타입은 후원자의 관심과 기대를 충족시켜 주지 못해서 크게 실망하고 후원을 중단하는 사례도 많다. 그렇기 때문에 감사편지를 꼭 발송하는 것이 중요하다.

감사편지 내용은 복지기관의 다양한 사업들과 클라이언트의 변화 등을 위해 노력하고 있는 내용과 향후 소식지 등 홍보매체를 통해 후원자와 공유할 것을 약속하고, 많은 지인들에게 우리 복지기관을 소개해서 더 많은 후원자와 함께 동참해 줄 것을 부탁하는 내용을 포함하는 것이 좋다.

〈감사의 편지 사례〉

오랜 시간 따뜻한 마음으로 ○○○복지관과 함께 지역복지를 위해 동행해 주신 후원자님께 진심으로 감사드립니다. 오래도록 변치 않은 후원자님의 관심과 사랑으로 우리 주변의 가난하고 소외된 이웃들에게 따뜻함과 희망을 가득 전할 수 있었습니다.

새로운 봄날 파릇한 새싹이 모여 아름다운 숲을 이루듯 우리 주변의 소외된 이웃들에게 용기를 심어 희망이라는 새싹을 틔울 수 있도록 ○○○복지관과 함께 오래도록 좋은 벗이 되어 동행하여 주시기를 소망합니다.

> (이 부분에 해당하는 유형의 메시지를 작성한다.)
> 예) 도움을 주고 있는 아이들이 성장하고 진학해서 지금보다 좀 더 많은 지원이 필요할 것 같습니다. 내년에는 후원자님 주변 지인들에게도 후원하는 것을 알려 주셔서 함께 동참할 수 있도록 해 주시면 감사하겠습니다.

소망하시는 일 모두 이루시고
늘 건강하시며 가정의 행복을 기원합니다.
새해 복 많이 받으십시오.

- ○○○복지기관 직원 일동 -

〈감사편지 및 기부 요청 메시지 사례〉

- 후원자님과 같은 분들은 우리 지역사회를 위대한 도시로 만듭니다.
- 우리는 후원자님이 우리의 중요한 일을 지원하기 위해 기부할 것을 요청하고 있습니다.
- 모든 기부금은 변화를 가져올 것이며, 후원자님의 지속적인 지원에 감사드립니다.
- 후원자님의 지원은 "~"과 같은 이야기를 가능하게 합니다.
- 우리는 후원자님의 관대함과 헌신에 감사드립니다.
- 사람들에게 투자하십시오. 후원자님의 동네에 투자하십시오. 더 강한 화성시에 투자하십시오.
- 우리 지역의 모든 지역이 번창하는 데 필요한 자원을 확보할 수 있도록 노력해 주셔서 감사합니다.
- 후원자님은 차이를 만듭니다.
- 후원자님의 도움과 기부금은 가족을 위한 사회서비스, 청소년을 위한 학업 지원 프로그램을 통해 지역 공동체의 삶에 큰 영향을 미칩니다.
- 일회성 기부를 원하는 개인이든, 장기적인 파트너십을 원하는 기업이든, 지역사회에 기여할 수 있는 다양한 나눔 사업이 있습니다.
- 후원자님의 도움은 모든 젊은이들이 더 밝은 미래에 기회를 가질 수 있도록 필수적입니다.
- 기부금은 모든 청소년에게 세상에서 자신의 자리를 찾을 수 있는 기회를 제공할 수 있습니다.
- 후원자님은 우리의 젊은이들이 새로운 요구를 충족시키고, 우리의 일을 가속화할 수 있게 합니다.
- 우리는 청소년의 삶을 변화시킬 프로그램을 제공할 수 있습니다. 후원자님의 선물은 청소년들이 즉시 목표를 달성하는 데 도움이 됩니다.
- 우리의 청소년은 당신의 청소년입니다. 직원과 고객의 자녀입니다. 청소

년들은 당신의 미래 직원과 소비자입니다. 우리 기관에 기부하는 것은 우리 지역 사회에 대한 투자입니다.
- 후원자님의 도움으로 우리는 위험에 처한 청소년들이 자신의 삶을 통제하고 더 밝은 미래를 건설할 수 있도록 계속 도울 수 있습니다.
- 우리 기관은 후원자님과 같은 관대한 기부자 덕분에 청소년들이 움직일 수 있도록 힘을 실어 주고 있습니다.
- 후원자님의 기부금은 지역사회가 성공적으로 전환하고 다음과 같은 활동을 수행할 수 있는 역량을 강화하고 구축하는 데 도움이 됩니다.
- 모든 기부금은 변화를 가져오고 모금 활동에 동기를 부여할 수 있습니다. 이것은 놀라운 일에 참여할 수 있는 기회입니다.
- 후원자님의 기부금은 우리 지역사회 청소년 12,000명과 가족을 돕습니다.
- 후원자님의 기부는 우리에게 주는 사명입니다.

우리 복지기관에서 이번에 후원자들을 위한 감사편지를 써야 한다면 어떻게 써야 후원자가 복지기관을 신뢰하고 지속적으로 후원을 할까?
후원자의 특성에 맞게 감사의 편지를 작성해 보자.

1유형. 1년 이상 + 정기적 후원 + 소액 후원

최근 1년 이상 정기적으로 후원을 해 주고 있으나, 5천 원 미만의 소액을 후원해 주는 후원자에게 보내는 감사의 편지는 어떻게 작성하여 소액 후원을 고액 후원으로 올릴 수가 있을까?

2유형. 5년 이상 + 비정기적 후원 + 고액 후원

5년 이상 후원하고 있지만 비정기적으로 고액을 후원한 후원자다. 어떻게 감사의 편지를 작성하면 정기적으로 고액을 후원받을 수 있을까?

31장

최고를 볼 줄 알아야 최고가 될 수 있다

. . . .

복지기관의 체계적인 모금활동은 아직까지 초보 단계이다.

모금관련 홈페이지를 통해 한국은 물론 세계를 보자.

아직까지 복지기관에 근무하는 사회복지사 중에는 모금을 전문적으로 교육을 받거나 체계적으로 모금활동을 해 봤던 사회복지사들이 많지 않다. 그래서 모금에 관심 있는 사회복지사가 모금전문가로 성장하고 싶거나 모금을 통해 지역사회 및 클라이언트의 문제 해결에 도움을 주고 싶어도 적절하게 슈퍼비전을 받을 수 없어 어려움을 호소하는 경우가 종종 있다.

많이 부족한 점이 있지만 그래도 아름다운재단 등 몇몇 모금 관련 기관의 홈페이지를 열람하는 것만으로도 충분히 모금전문가로 성장할 수 있을 것이라고 생각한다.

먼저 아름다운재단 기부문화연구소(https://research.beautifulfund.org)에서는 모금과 기부 관련 많은 연구보고서를 볼 수 있으며, 국내 기부 통계, 기부 관련 법제도는 물론 국내 비영리와 해외 비영리 모금 사이트도 쉽게 찾아볼 수 있도록 정리가 잘 되어 있어 모금에 관심 있는 사회복지사라면 꼭 클릭해 봐야 한다.

한국가이드스타(http://www.guidestar.or.kr)는 국내외 기부 관련 많은 연구보고서와 기부 관련 정책, 나눔, 사회공헌 등과 관련된 언론 보도자료를 쉽게 볼 수 있도록 정리되어 있다. 뉴스레터도 구독 신청해서 정기적으로 소식을 받아 보는 것만으로도 역량 있는 모금전문가로 성장하는 데 많은 도움이 된다.

한국모금가협회(https://www.kafp.or.kr)는 다양한 모금 정보를 제공하고 있으며, 모금관련 담당자를 위해 실무중심의 많은 교육들을 진행하고 있다. 모금 관련 교육을 이수하고 싶다면 한국모금가협회 홈페이지에서 찾아보는 게 좋다.

네이버 카페 '모금아이디어 뱅크'에는 기발한 모금함을 비롯해 다양한 모금 사례들과 아이디어들이 재미있게 정리되어 있다.

서울복지재단 공유복지플랫폼(http://wish.welfare.seoul.kr) 지식공유 활동가를 클릭하면 모금A or B의 이용수 님이 2014년부터 현재까지 매월 정기적으로 모금 실무와 관련하여 이해하기 쉽게 재미있게 작성한 글을 볼 수 있다.

저자소개

정영호(사회복지학 박사, 사회복지사)

화성시남부종합사회복지관 관장 (현)

화성시남부장애인주간보호센터 센터장 (현)

화성시남부아동청소년센터 센터장 (현)

평택대학교 사회복지학과(사회복지대학원) 겸임교수 (전)

오산대학교 사회복지학과 겸임교수 (전)

1988년 대학의 사회복지학과에 입학해서 1995년 졸업 후 종합사회복지관, 자활후견기관 등 사회복지 실천 현장에서 현재까지 27년간 사회복지사로 일하고 있다.

대학원에서 사회복지학 석사, 박사학위를 취득하고, 대학과 대학원에서 사회복지학과 겸임교수로 활동하면서 사회복지 실천 분야를 강의하였고, 나눔과 모금 분야를 연구하고 있다.

DM. jyh8821@hanmail.net

사 회 복 지 사 의 모 금

NO를 YES로

ⓒ 정영호, 2022

초판 1쇄 발행 2022년 10월 29일

지은이   정영호
펴낸이   이기봉
편집   좋은땅 편집팀
펴낸곳   도서출판 좋은땅
주소   서울특별시 마포구 양화로12길 26 지월드빌딩 (서교동 395-7)
전화   02)374-8616~7
팩스   02)374-8614
이메일   gworldbook@naver.com
홈페이지   www.g-world.co.kr

ISBN   979-11-388-1346-4 (03330)

• 가격은 뒤표지에 있습니다.
• 이 책은 저작권법에 의하여 보호를 받는 저작물이므로 무단 전재와 복제를 금합니다.
• 파본은 구입하신 서점에서 교환해 드립니다.